하나님의

흔드심 오직:搖祭

———

하나님의 흔드심 요제 搖祭

지은이   한 별
펴낸이   한 별
펴낸곳   앰배서더북스

초판 1쇄   2016년 6월 5일
증보판 1쇄 발행   2024년 6월 5일
출판등록 2016−000070

06190 서울시 강남구 도곡로 523(대치동)
Tel (02)557−2832   Fax (02)563−2973

ISBN 979−11−957657−5−1 03230

E − Mail : ambss2832@gmail.com

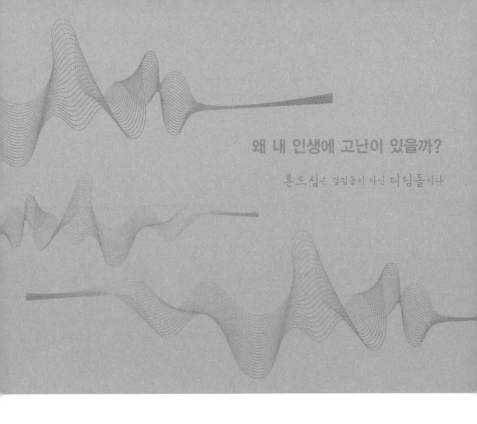

왜 내 인생에 고난이 있을까?

흔드심은 걸림돌이 아닌 디딤돌이다

하나님의

요제
:摺瘵

한 별 목사 순복음대학원대학교 3대 총장

앰배서더북스
AMBASSADORBOOKS

귀한 가치를 담고 있는 이 책을
기쁜 마음으로 한국의 목사님들과
크리스천 리더들에게 추천하고 싶습니다.
이 책은 독자들의 사고를 넓힐 수 있는
깊은 통찰력과 세계관을 제공할 것입니다.

미국 풀러신학교 총장

마크 래버튼Mark Labberton 박사

This book is a valuable resource
that I am glad to commend
for pastors and other Christian leaders.
It provides important insights and perspectives
that readers will find mind stretching and useful.

Mark Labberton, Ph.D.

President, Fuller Theological Seminary

내 인생의 브로드웨이

뉴욕 맨해튼은 도로의 가로 세로가 잘 짜여 개발된 국제도시다. 업타운, 미드타운, 다운타운으로 구분되어 금융, 패션, 예술과 엔터테인먼트의 트렌드를 이끌고 있다.

이 바둑판 같은 맨해튼의 남북을 대각선으로 지나가는 구부러진 대로가 있는데, 이름이 근사하다.

"브로드웨이."

이상하게도 이 브로드웨이와 만나는 길에 사람이 모이고 상권이 생겨서, 맨해튼의 심장인 타임스퀘어Time Square, 허파 기능을 하는 센트럴파크Central Park가 만들어졌다.

특별히 내가 좋아하는 뮤지컬 극장도 42번가와 만나는 브로드웨이에 있다.

출애굽한 이스라엘 백성은 처음에는 소풍 가는 기분으로 출

발했다. 약속의 땅 가나안까지 직선도로로 가면 일주일이면 거뜬하기 때문이다. 구름 기둥과 불 기둥이라는 확실한 안내자도 앞에서 길을 인도해주고 있었다.

그런데 이상한 일이 생긴다. 아말렉이 공격해오고, 불뱀을 만난다. 심지어 쓴 물도 마셔야 했다. 하나님의 말씀을 따라 갔는데 예상치 못한 위기가 닥친 것이다. 이스라엘 백성이 불평할 만도 하다. 하나님이 인도하셨는데 위기를 만났으니 말이다.

인생은 똑바로 직진만 하지 않는다. 갑자기 골치 아픈 문제를 만나기도 하고, 문제에 떠밀려 방향을 잃거나 생뚱맞은 길에 서 있게도 된다. 자기 딴에는 똑바로, 빠르게 남보다 잘 가려다가 벽에 부딪혀 주저앉기도 한다.

골치 아픈 정도는 문제도 아니다. 인생이 흔들려 앞이 보이지 않고, 마음은 우울하고 두려움이 밀려온다. 이럴 때 나보다 훨씬 뒤처져 있던 인생이 나를 비웃으며 추월하기라도 하면 죽을 맛이다.

예수 믿기 전에는 그럴 수 있다 치면 된다. 그러나 예수를 제대로 믿고 말씀대로 살려는데 위기가 닥치면 혼란스럽기 그지없다. 삶이 통째로 흔들린다.

왜 이런 일이 생길까?

하나님의 흔드심이다.

하나님이 믿는 우리를 흔드시는 이유는 무엇일까?

하나님의 흔드심이란 무엇일까?

왜 흔드시는가?

여기서부터 시작해본다.

흔드심의 여정을….

흔들리는 도시에서

한 별

| 차례 |

1

두려움과 떨림이
내게 이를 때

하나님이 우리 인생을 흔드시면

우리 삶에 들러붙어 있던

불필요한 것들이 떨어져 나갑니다.

평소 습관처럼 품었던 고만이나 나태함,

죄와 악한 습성이 하나둘 사라지게 됩니다.

인생이 심하게 흔들려본 사람은 압니다.

너의 인생이 흔들리는가?

 01

출발할 때는 항해하기 아주 좋은 날씨였습니다. 그런데 별안간 바람이 불고 파도가 거세게 일어납니다. 엄청난 폭풍이 휘몰아쳐서 금방이라도 배가 깨어질 것 같습니다. 그러나 제자들은 침착했습니다. 이러한 일을 많이 겪어본 갈릴리 어부 출신들이 배 안에 있었기 때문입니다. 그들은 갈릴리에서 잔뼈가 굵어서, 물때만 봐도 어디로 선로를 잡고 어떻게 피해야 하는지 익숙했습니다.

감당 못 할 풍랑을 만날 때

제자들은 알고 있는 모든 방법을 동원해서 열심히 파도를 헤쳐 나갑니다. 하지만 웬일인지 아무리 애를 써도 빠져나갈 수가 없었습니다. 이상하게도 이번 풍랑은 이전과 전혀 다릅니다.

제자들은 지쳐 쓰러졌습니다. 갈릴리 바다를 가장 잘 아는 사람들이 그 바다에서 죽을 위기를 맞게 되었습니다. 이것은 마가복음 4장에 나오는 이야기입니다.

35그날 저물 때에 제자들에게 이르시되 우리가 저편으로 건너

가자 하시니 ^{36}그들이 무리를 떠나 예수를 배에 계신 그대로 모시고 가매 다른 배들도 함께 하더니 ^{37}큰 광풍이 일어나며 물결이 배에 부딪쳐 들어와 배에 가득하게 되었더라 ^{38}예수께서는 고물에서 베개를 베고 주무시더니 제자들이 깨우며 이르되 선생님이여 우리가 죽게 된 것을 돌보지 아니하시나이까 하니 ^{39}예수께서 깨어 바람을 꾸짖으시며 바다더러 이르시되 잠잠하라 고요하라 하시니 바람이 그치고 아주 잔잔하여지더라 ^{40}이에 제자들에게 이르시되 어찌하여 이렇게 무서워하느냐 너희가 어찌 믿음이 없느냐 하시니 ^{41}그들이 심히 두려워하여 서로 말하되 그가 누구이기에 바람과 바다도 순종하는가 하였더라_막4:35-41

인생의 풍랑도 비슷합니다. 제자들이 당한 폭풍은 인생의 풍랑이기도 했습니다.

어떤 사람이 안 먹고 안 쓰고 열심히 모은 돈을 투자해서 자신의 노후를 준비하기로 했습니다. 온갖 투자 정보를 꼼꼼히 살펴보고 컨설팅도 받았습니다. 그는 가장 신뢰할 만한 곳에 투자했고 성공할 확신이 있었습니다. 그런데 망해버렸습니다. 갈릴리 바다를 잘 안다고 자신했던 제자들처럼, 자신이 가장 잘 안다고 자신했던 곳에서 무너졌습니다. 이럴 때 인생이 흔들립니다.

예수 잘 믿는데 문제는 왜 생기는가?

현대 그리스도인이 가진 가장 큰 의문은 "예수 잘 믿는데 왜 인생이 흔들리는가?"입니다. 예수를 믿지 않을 때는 아무런 문제가 없었습니다. 오히려 잘 나가는 인생이었습니다.

예수를 처음 믿거나 적당히 믿는 그리스도인이라면 '내가 아직 예수를 잘 믿지 못해서 고난과 시련이 오나 보다'라고 생각할 수도 있습니다. 하지만 전심으로 예수를 믿고 주님의 명령에 순종하여 어떤 일을 해보려는데 날벼락처럼 고난이 닥쳐올 때가 있습니다. 예수를 잘 믿을 때 겪는 흔들림은 믿지 않을 때 겪는 흔들림과는 다른 느낌으로 우리에게 다가옵니다.

제자들이 거센 풍랑을 만나서 죽음의 위기를 겪을 때 가장 이해할 수 없었던 것이 무엇이었을까요?

첫째 의문은 예수님이 제자들에게 명령하셔서 배를 띄웠다는 사실입니다. 제자들은 예수님의 말씀에 순종해서 갈릴리 바다를 항해하다가 풍랑을 만났습니다.

둘째 의문은 주님이 그 배에 함께 타고 계셨다는 사실입

두려움과 떨림이 내게 이를 때

니다. 주님이 타고 계신 배가 어떻게 광풍을 만날 수 있습니까? 주님이 타신 배가 가라앉는다면 이상하지 않겠습니까?

셋째 의문은 예수님이 그 모든 상황을 다 아시면서도 주무시고 계셨다는 사실입니다.

예수님은 전능하신 분입니다. 손가락만 까딱해도 모든 일을 하실 수 있고, 나를 도우실 수 있는 하나님입니다. 그런 주님이 풍랑을 만나 죽게 된 나를 내버려두십니다. 이것은 그리스도인에게 가장 큰 의문점입니다.

우리도 삶에서 이런 순간을 마주할 때가 있습니다. 분명 주님이 하라고 하셔서 시작한 일입니다. 내 힘과 정성을 다 쏟고 모든 노하우를 동원해서 열심히 일합니다. 그런데 그 일이 한순간에 무너져서 손쓸 수 없게 되었습니다. 그럴 때 이런 생각이 듭니다.

'나를 도울 수 있는 주님이 왜 나를 돕지 않으실까?'

하나님이 도우시면 간단히 해결될 일인데 왜 돕지 않으시는지 이해할 수가 없습니다. 마치 흔들리는 배 안에서 주무시는 주님을 보는 제자들 마음과 같습니다.

'내가 오랫동안 알던 하나님이 분명히 내 옆에 계시는데, 내가 지금 왜 이렇게 되었지?'

마음속에 의문이 생기면서 답답하고 화가 납니다.

구별해 쓰시려고 흔드시는 것

이 질문의 답을 구약성경에서 찾아볼 수 있습니다. 민수기 8장에 나오는 레위인의 요제搖祭 이야기입니다. 하나님이 레위인을 구별하실 때 마지막 단계로 사용하신 방법이 요제입니다. 하나님은 선택하신 인생을 구별하려고 흔들어보십니다.

> [13]레위인을 아론과 그의 아들들 앞에 세워 여호와께 요제로 드릴지니라 [14]너는 이같이 이스라엘 자손 중에서 레위인을 구별하라 그리하면 그들이 내게 속할 것이라 [15]네가 그들을 정결하게 하여 요제로 드린 후에 그들이 회막에 들어가서 봉사할 것이니라_민 8:13-15

요제는 영어로 'wave offering'입니다. 하나님께 제물을 드릴 때 '요동하다', '흔들어보다'라는 뜻입니다. 요제는 출애굽기 29장과 레위기 7장 등에 소개되는데, 하나님께 제물을 드릴 때 제사장이 흔들어서 드리는 제사법입니다.

민수기 8장에는 이 요제를 사람에게 적용합니다. 이는 이스라엘 열두 지파 모두가 아니라, 오직 레위 지파에만 적용되었습니다. 레위인을 제사장으로 세울 때 그 사람을 흔들어

요제로 드렸습니다. 헌신된 레위인에게 임무를 맡기기 전에 마지막으로 하나님이 한번 크게 흔드신 것입니다. 이러한 요제를 통해 하나님은 레위인을 구별하고 인정하셨습니다.

레위인은 태어날 때부터 구별되어 하나님의 성막에서 봉사하도록 정해진 자들입니다. 이들이 성막에서 봉사할 나이가 되어 성막에 들어갈 때, 이스라엘 백성 앞에서 크게 흔들어보는 요제를 거치게 했던 것입니다. 풍랑 이는 배 안에서 제자들이 하나님의 흔드심을 겪은 것처럼 말입니다. 그 흔드심 속에서 하나님만 바라보기로 결단한 레위인만이 성막에 들어가 하나님의 일을 감당할 수 있었습니다.

하나님은 아무나 흔드시지 않습니다. 이스라엘 백성 전체가 아닌 레위인만을 흔드셨고, 예수님과 함께 있던 열두 제자만을 흔드셨습니다. 하나님은 당신이 택한 사람을 사용하실 때 크게 흔들어보십니다.

우리는 예수를 믿는 순간부터 왕 같은 제사장이요 거룩한 나라요 그의 소유된 백성입니다(벧전 2:9). 하나님은 그분의 백성 중에서 흔들리지 않는 사람을 뽑아 사명을 감당하게 하십니다. 하나님의 흔드심은 이해되지 않는 인생의 어려움과 날벼락 같은 순간에도 하나님을 붙잡는 사람, 하나님께 쓰임받겠다는 다짐으로 흔들리지 않는 사람을 구별하시는 하나님의 방법입니다.

예수를 믿는 사람이 경험하는 인생의 흔들림은 이상한 일이 아닙니다. 신실한 그리스도인으로서 인생이 흔들리고 있다면, 하나님이 그를 택하여 사용하시려는 것입니다. 하나님께 쓰임 받기 전, 마지막 단계를 통과하는 중입니다.

흔들리고 난 후에는

인생에서 심한 고난을 겪으면 흔히 '마음이 흔들린다'고 합니다. 우리 인생이 제자들이 탔던 배나 요게처럼 흔들린다면, 하나님이 우리 마음을 흔들고 계신 것인지 모릅니다. 이것이 '하나님의 흔드심'shaking입니다.

하나님이 우리 인생을 흔드시면 우리 삶에 들러붙어 있던 불필요한 것들이 떨어져 나갑니다. 평소 습관처럼 품었던 교만이나 나태함, 죄와 악한 습성이 하나둘 사라지게 됩니다. 인생이 심하게 흔들려본 사람은 압니다.

갑자기 실직을 당하거나, 건강을 잃거나, 모아둔 재산을 탕진할 위기에 빠진 사람은 인생의 흔들림을 경험합니다. 그 순간은 아무 정신이 없습니다. 평소에 즐기고 누리던 어떤 것도 누릴 여유가 없습니다. 온전히 자기 자신과 당면한 문제에만 집중하게 됩니다. 그 시간을 견뎌낸 후에야 하나님이 나를 사용하시려고 흔드신 과정이었음을 깨닫게 됩니다.

하나님은 이 과정을 통해 우리의 교만과 죄를 회개하게 하십니다. 간절히 기도하며 하나님께 가까이 가도록 이끄십니다. 흔들릴 때는 힘들고 견디기 어렵지만, 흔들리고 난 후에는 몸과 마음이 정결하고 겸손해져서 하나님이 쓰실 수 있는 사람으로 변화됩니다.

인생의 흔들림이 환경과 외부의 문제처럼 보여도, 사실은 하나님의 흔드심입니다. 하나님은 때로 우리에게 고난을 주시고 인생을 뒤엎기도 하십니다. 우리 인생을 들어 쓰시려고 마지막 단계에서 크게 흔드십니다. 요제를 거친 레위인이 제사장으로 쓰임 받듯, 우리도 하나님의 흔드심을 견딘 후에 쓰임 받습니다. 이를 믿음으로 바라보아야 합니다.

흔들어보면 그 인생의 진가가 나타납니다. 어떤 사람의 믿음도 흔들어보면 알 수 있습니다. 흔들리면 쓰러지는 사람이 있는가 하면, 흔들리고 나서 더 우뚝 서는 사람도 있습니다. 하나님은 흔들려도 믿음으로 다시 서는 인생을 인정하십니다.

잘 나가던 인생에 갑자기 파도가 밀려옵니까? 시간이 갈

수록 파도가 잠잠해지기는커녕 더 거세집니까? 상상하지도 못했던 고난이 카운터펀치처럼 훅 하고 들어오기도 합니까? 만약 이러한 일들을 겪고 있다면, 하나님이 당신을 사용하시려는 최종 관문인 '요제의 시간'에 들어와 있는 것입니다.

지금 인생이 흔들리고 있습니까? 풍랑 이는 바다 한가운데 뜬 작은 배처럼 금방이라도 뒤집힐 것 같습니까? 마음이 떨리고 두렵습니까? 하나님이 흔드시니 두려운 게 당연합니다. 그러나 포기하거나 넘어지지 마십시오. 하나님이 당신을 흔드시는 목적은 넘어뜨리려는 게 아닙니다. 하나님은 당신이 흔들리지 않기를 바라십니다. 당신을 사용하길 원하시기 때문입니다. 잠시만 견디십시오. 요제의 시간은 금세 지나갑니다.

주님을 깨우는 믿음

제자들이 풍랑을 만났을 때 한 가지 놓친 부분이 있습니다. 주님을 먼저 깨우지 않았다는 점입니다. 아무리 곤하게 잠들었다 해도 풍랑으로 배가 부서지게 되었는데 깨지 않을 사람이 어디 있습니까? 하지만 주님은 꼼짝도 하지 않고 주무십니다. 왜 그러셨을까요? 예수님은 제자들의 모든 상황을 알고 계셨지만, 제자들이 깨우기 전에는 일어나지 않으실 작정이었습니다.

마침내 제자들이 예수님을 깨웁니다. 일어나신 주님이 가장 먼저 하신 일이 무엇입니까? 제자들을 책망하십니다. 그리고 바람과 파도를 꾸짖어 잠잠하게 하십니다.

어찌하여 무서워하느냐 믿음이 작은 자들아_마 8:26

제자들은 주님의 말씀처럼 정말 믿음이 작은 자들이었을까요? 그들은 지금까지 주님과 함께 먹고 자며 사역을 감당했던 자들입니다. 지금도 주님이 배를 띄우라고 하시기에 띄워서 주님을 모시고 다음 사역지로 가는 중이었습니다. 믿음이 있는 자들이었습니다.

그러면 주님이 말씀하신 '작은 믿음'이란 무엇일까요? 주님과 함께할 믿음은 있지만, 주님을 흔들어 깨워 역사하시게할 생각은 없는 믿음입니다. 주님은 이것을 책망하십니다.

'하나님과 동행하고 있으니 하나님께서 알아서 해주시겠지!' 하는 생각이 잘못된 믿음은 아닙니다. 여기까지는 누구나 할 수 있습니다. 우리는 더 나아가 주님이 일하시게 하는 믿음을 보여야 합니다.

내가 생각하는 수준으로 하나님을 왜곡하거나, "설마 이런 일까지 하실까?"라고 하나님을 제한해서는 안 됩니다. 하나님은 졸지도 주무시지도 않습니다. 그의 백성이 천국에서 영원히 살 때까지 일하시는 분입니다. 하나님을 일하시게 하는 사람이 믿음 있는 사람입니다.

믿음으로 했지만 여전히 풀리지 않고 묶여 있는 문제가 있습니까? 주님을 흔들어 깨우면 풀립니다. 하나님은 내 뒤에서 일하시는 분이 아닙니다. 항상 내 앞의 선봉에서 일하시는 분입니다. '내가 애써서 여기까지 왔는데 왜 이런 고난을 겪고 인생이 흔들려야 하나?'라는 내 마음을 주님은 알고 계십니다.

주님은 우리에게 주님을 깨우는 믿음을 요구하십니다. 주님을 흔들어 깨울 때 흔들리던 우리 인생이 풀립니다. 주님이 일어나실 때가 흔들리던 우리 인생이 안정감으로 바뀌는 '풀림의 임계점'입니다.

하나님이 쓰실 만한 사람
하나님은 단지 제자들에게 주님을 깨우게 하려고 풍랑을

겪게 하셨을까요? 하나님의 목적은 제자들이 주님을 깨우는 데 있지 않습니다. 주님을 깨울 믿음도 없이 영적인 잠에 빠진 제자들을 깨우려는 데 있습니다. 이것이 인생을 흔드시는 하나님의 진정한 목적입니다. 하나님은 지금도 영적으로 잠든 나를 깨우려고 내 인생을 흔드십니다.

예수님의 제자들은 자기 생업이 아닌, 주님께서 맡겨주신 일을 하다가 풍랑을 만났습니다. 자기 일을 하다가 만난 풍랑이라면 자기 과실이라고 볼 수도 있을 텐데 지금은 분명 주님이 시키신 일입니다. 더구나 얼마 동안은 잘 항해해왔는데 하필 바다 한가운데에서, 주님의 일을 한창 감당하고 있을 때 풍랑을 만납니다. 하나님은 왜 이때 흔드신 것일까요?

아들 이삭을 데리고 모리아 산에 올라가던 아브라함의 마음을 생각해봅니다. 하나님의 명령이니 순종하고 있지만, 그의 마음은 생지옥입니다. 하나님의 명령을 지키려면 자기 아들을 죽여야 하기 때문입니다. 하나님은 아브라함을 흔드셨고 아브라함은 흔들림을 감당하며 끝까지 명령에 순종했습니다. 결국, 그는 '여호와 이레', 즉 예비하시는 하나님의 축복을 만나게 됩니다. 아브라함은 믿음의 조상이 되었을 뿐 아니라, 그의 씨에서 메시아가 나신다는 놀라운 약속을 받았습니다.

요셉의 고난 인생 13년을 보면 요셉의 잘못은 거의 찾아

볼 수 없습니다. 잘못은커녕 여호와 하나님 앞에서 범죄하지 않으려고 애쓴 모습뿐입니다. 그런데도 그는 형제들에게 버림받아서 웅덩이에 빠져 노예로 팔려가고, 누명을 쓰고 감옥에까지 들어갑니다. 그가 왜 이렇게 험난한 인생을 살게 되었을까요? 하나님은 요셉을 통해 이스라엘 민족을 이주시키려는 계획을 세우고 계셨습니다. 요셉이라는 작은 겨자씨 속에서 이스라엘이라는 민족을 보고 계셨습니다.

우리 인생도 씨앗입니다. 씨앗 중에서도 가장 작은 겨자씨와 같습니다. 이 겨자씨 같은 인생을 때로는 하나님이 흔들어보십니다. 그 안에서 하나님의 나라를 보시기 때문이며, 우리 인생이 100배의 열매를 맺기 원하시기 때문입니다. 흔들리는 인생은 하나님의 나라가 임하는 경험을 하게 됩니다.

우리는 작은 겨자씨지만, 하나님의 흔드심을 겪으면서 자아가 깨어지고 죽을 때 비로소 하나님이 쓰실 수 있는 사람으로 성장합니다. 잎이 무성한 큰 나무가 되어 그가 선 곳에서 선한 영향을 끼치며 하나님의 나라를 선포하는 복된 인생을 살게 됩니다

인생의 핸들을 주께 맡겨라

하나님의 말씀이 있는 곳에는 항상 하나님의 역사가 있습니다. 이때 중요한 것은 그 말씀을 대하는 사람의 태도입니다. 하나님의 말씀을 그저 듣기 좋은 교훈과 지식으로만 여기는 사람에게는 아무런 역사도 일어나지 않습니다. 이러한 사람에게 하나님의 역사는 그냥 지나가 버릴 뿐입니다.

하나님이 역사하시는 사람은 인생이 흔들릴 때도 주님이 일하심을 믿고 견디며 주님을 깨우는 사람입니다. 주님이 깨어나시면, 그 순간부터 배를 움직이는 키는 주님 손에 맡겨집니다. 우리는 유람선을 타고 여행하듯 주님이 하시는 일을 보고 그 영광에 동참하면 됩니다. 이제까지 수고하며 무겁게 지고 있던 짐을 주님 손에 모두 맡겼기 때문입니다.

주님의 일을 감당하다가 고지가 눈앞에 보이는 지점에 다다르지는 않았습니까? 당신의 배가 바다 한가운데에 이르지 않았습니까? 혹한의 바람이 부는 산 정상이나 풍랑 이는 바다 한가운데는 이제껏 우리가 가본 세계가 아닙니다. 상상으로 짐작할 수 있는 곳이 아닙니다. 그런 곳에서 인생이 흔들릴 때는 내 생각을 내려놓고 인생의 핸들을 주님 손에 맡겨야 합니다. 그 믿음이 바로 주님을 깨우는 믿음입니다. 하나님께 당신의 인생 핸들을 맡기십시오.

풍랑을 잠잠하게 하신 예수님을 보면서 놀란 제자들이 고백합니다.

어떠한 사람이기에 바람과 바다도 순종하는가_마 8:27

지금까지 제자들이 본 예수님은 앉은뱅이를 일으키고 눈먼 자의 눈을 뜨게 하며, 병든 자를 고치고 묶인 자를 풀어주시는 분이었습니다. 제자들은 예수님을 어느 정도 알고는 있었지만, 그분이 진정 누구신지는 알지 못했습니다.

주님을 인생의 멘토나 친구 정도로만 아는 사람은 아직 인간의 세계관으로 주님을 보는 것입니다. 물론 주님은 우리 인생의 멘토요 우리를 친구로 불러주시는 분입니다. 그러나 우리가 정말 만나야 할 주님은 우리를 구원하시는 구세주시며, 창조주 하나님의 독생자 예수 그리스도이십니다. 하나님의 흔드심은 우리에게 더 크신 하나님을 만나게 하며, 하나님을 더 많이 알게 합니다.

하나님을 만나게 되리

위기의 순간을 만나면 답답하고 막막합니다. 자존감이 떨어지고 마음이 무너집니다. 위기를 겪는 것은 부끄러운 일이 아니지만, 위기 앞에서 모든 것을 포기해버리는 태도는 부끄러운 일입니다. 위기를 기회로 바꾸시는 하나님을 기대하지 않고 포기했기 때문입니다.

지금 당신이 마주한 인생의 상황이 풀무 불 속이나 사자 굴처럼 여겨집니까? 홍해나 요단 강 앞에 서 있는 듯합니까? 그렇다면 하나님의 흔드심 앞에 선 것입니다.

하나님은 인생이 흔들리는 위기의 순간에 손 놓고 포기하라고 말씀하시지 않았습니다. 애통하며 큰 소리로 부르짖어 기도하라고 하셨습니다. 위기를 만나 인생이 흔들린다면 부르짖어 주님을 깨우십시오. 주님은 문제로 묶인 인생을 반드시 풀어주시는 분입니다.

주님을 흔들어 깨우는 그리스도인은 삶 속에서 '풀림'으로 역사하시는 주님을 만나게 됩니다. 그러면 기도 응답이 빨라집니다. 성경에서 하나님이 역사하신 '풀림'의 사건들은 빚진 사람에게 이자를 갚아주는 정도의 풀림이 아닙니다. 근본적인 치유와 해결이 있는 하나님의 역사입니다. 하나님은 혈루증을 앓고 있던 여인에게 혈루의 근원을 끊어주십니다. 앉은뱅이를 걷게 하고 눈먼 자를 눈 뜨게 하십니다.

하나님은 우리가 좀 더 나은 삶을 살 수 있게 도와주시는 분 정도가 아닙니다. 완전히 새로운 인생을 살게 하시는 분입니다. 하나님의 흔드심을 거쳐 풀림의 역사를 경험한다면 인생의 어떤 문제도 전혀 문제가 되지 않습니다.

풀림 직전에 흔드심이 있다

 02

요즘 우리나라의 경제 상황에서 중년의 남자가 기업을 일으키고 확장하기란 쉬운 일이 아닙니다. 성장은커녕 현상을 유지하기도 어려운 실정입니다.

이럴 때 운영하던 기업에 경제적인 위기까지 닥친다면 큰일입니다. 이리저리 엉킨 실타래를 어떻게 풀어내야 할지 몰라서 당황하게 됩니다.

엉킴과 흔들림의 차이

이런 일을 당한 성도가 제게 해결책을 물어오면 저 역시 안타깝고 답답한 심정으로 하나님께 여쭤볼 수밖에 없습니다.

"하나님! 이 기업은 하나님께 드려진 기업이고 하나님의 인도하심으로 여기까지 왔는데, 이런 위기를 당하면 어떻게 합니까? 이건 너무 심하게 엉키지 않았습니까?"

그런 제게 하나님이 응답하셨습니다.

"아니다! 엉킨 게 아니라 단지 흔들렸을 뿐이다. 이제 나의 일이 시작되었다."

인생의 흔들림은 인생이 엉킨 것과 전혀 다릅니다. 창세기 22장에는 아브라함이 하나님의 명령대로 아들 이삭을 제물로 바치려고 모리아 산을 오르는 장면이 나옵니다. 여기서 아브라함의 인생은 꼬인 것이 아닙니다. 하나님의 명령에 따라 위기를 맞은 것입니다.

하나님은 사랑하는 자녀를 더 높은 수준의 판으로 이끄시기 원합니다. 이때 낮은 판에서 높은 판으로 바로 갈 방법은 없습니다. 그 사이에는 반드시 '흔드심'이 있습니다. 누군가 인생이 흔들린다면 하나님께서 그를 다른 판으로 옮기는 일을 시작하셨기 때문입니다.

하나님의 흔드심은 좌절과 절망으로 받아들일 일이 아닙니다. 도리어 하나님을 향한 놀라움과 경외로 반응해야 합니다. 하나님께서 우리가 이제껏 경험해보지 못한 신비로운 방법으로 역사하시기 때문입니다. 이 경험을 하는 사람은 하나님이 옮겨놓으신 새로운 판 위에 서게 됩니다.

예수님의 타이밍

유대인의 신앙생활은 회당을 중심으로 이루어져 왔습니다. 유대인에게 회당은 지금의 국회의사당과 같습니다. 이러한 회당을 책임지는 회당장은 저명인사였습니다. 누가복음

8장과 마가복음 5장에는 당시 회당장의 12살 된 딸이 열병에 걸려 죽어가는 이야기가 나옵니다.

[41]이에 회당장인 야이로라 하는 사람이 와서 예수의 발 아래에 엎드려 자기 집에 오시기를 간구하니 [42]이는 자기에게 열두 살 된 외딸이 있어 죽어감이러라 예수께서 가실 때에 무리가 밀려들더라 [43]이에 열두 해를 혈루증으로 앓는 중에 아무에게도 고침을 받지 못하던 여자가 [44]예수의 뒤로 와서 그의 옷 가에 손을 대니 혈루증이 즉시 그쳤더라 [45]예수께서 이르시되 내게 손을 댄 자가 누구냐 하시니 … [48]예수께서 이르시되 딸아 네 믿음이 너를 구원하였으니 평안히 가라 하시더라 [49]아직 말씀하실 때에 회당장의 집에서 사람이 와서 말하되 당신의 딸이 죽었나이다 선생님을 더 괴롭게 하지 마소서 하거늘 … [52]모든 사람이 아이를 위하여 울며 통곡하매 예수께서 이르시되 울지 말라 죽은 것이 아니라 잔다 하시니 [53]그들이 그 죽은 것을 아는 고로 비웃더라 [54]예수께서 아이의 손을 잡고 불러 이르시되 아이야 일어나라 하시니 [55]그 영이 돌아와 아이가 곧 일어나거늘 예수께서 먹을 것을 주라 명하시니_눅8:41-55

회당장은 그의 딸이 병들어 죽어가자 자신의 신분도 생각하지 않고 예수님께 달려가 고쳐달라고 간곡히 부탁합니다.

> 내 어린 딸이 죽게 되었사오니 오셔서 그 위에 손을 얹으사 그
> 로 구원을 받아 살게 하소서 _막 5:23

예수님은 회당장의 믿음을 보시고 그의 집으로 가십니다. 예수님과 함께 있던 열두 제자와 많은 무리도 예수님을 따라 함께 회당장의 집으로 갑니다.

그런데 앞서 가시던 예수님이 갑자기 발걸음을 멈추십니다. 12년 동안 혈루증을 앓던 여인이 지나가시던 예수님의 옷자락을 만졌기 때문입니다. 예수님은 지금 빨리 회당장의 집에 가서 죽어가는 소녀를 살려야 하는 상황이었습니다. 그런데도 예수님은 여인을 위해 발걸음을 멈추십니다.

여인이 예수님의 옷자락을 만졌을 때, 혈루의 근원이 즉시 끊어지고 병이 나았습니다. 예수님은 여인의 믿음을 보시고 구원을 선포하십니다. 그러는 사이에 사건이 심각해졌습니다. 예수님이 이처럼 지체하시는 사이에 회당장의 딸이 죽었다는 소식이 전해집니다.

이 이야기를 들을 때 두 가지 의문이 생깁니다.

첫째, 병을 고치는 순서입니다. 혈루증을 앓던 여인은 비

록 12년이나 병에 시달리고 있었지만 위급한 상황은 아니었습니다. 위급한 쪽은 죽어가던 회당장의 딸이었습니다. 그렇다면 먼저 회당장의 딸에게 가야 순서가 맞지 않을까요?

둘째, 병을 고치는 타이밍입니다. 주님은 전지하신 하나님입니다. 회당장의 딸이 언제 죽을지 미리 아셨을 것입니다. 그러니 죽기 전에 타이밍을 맞추어 고쳐주실 수 있지 않았을까요? 그런데도 주님은 혈루증 앓는 여인에게 시간을 할애하셨습니다. 이 사건을 자세히 들여다보면 주님이 의도적으로 지체하신 사실을 알 수 있습니다.

불가능에 맞서는 태도

예수를 믿으면서도 어려운 일을 당한 사람들 중에는 이렇게 말하는 사람이 있습니다.

"하나님이 살아 계시다는 사실은 압니다. 나를 지은 창조주시고 내 영혼의 아버지라는 것도요. 그런데 왜 이런 일이 나에게 일어나게 내버려두셨습니까? 이 일이 터지기 전에 막아주셨어야죠!"

만일 우리가 회당장이나 혈루증 여인이었다면 어떻게 했

을까요? 그들이 당한 일은 사람이 해결할 수 없는 불가능한 일이었습니다. 그러나 그리스도인은 불가능에 도전할 수 있습니다. 불가능을 가능케 하는 유일한 방법이 믿음이기 때문입니다.

보통 사람들은 불가능한 일 앞에서 몇 가지 태도를 보입니다. 첫째, 바로 포기합니다. 가장 쉽고 빠른 방법입니다. 둘째, 다른 길을 찾아 우회작전을 씁니다. 꽤 괜찮은 방법처럼 보입니다. 셋째, 얼마간 고민해보다가 '이쯤 했으면 최선을 다한 거야. 여기까지 온 것만도 대단하지' 하며 자신을 위로하고 잊어버립니다.

이러한 태도는 모두 '수평적인 사고방식'에서 나옵니다. 이 세상의 지식과 정보에만 머문, 지극히 인간적인 사고방식입니다. 하나님을 믿는 그리스도인은 이런 사고방식을 뛰어넘어 불가능의 한계를 초월합니다. '수직적인 사고방식'입니다. 인간의 방법으로는 불가능하지만, 하나님의 방법으로는 뛰어넘을 수 있다는 믿음입니다.

혈루증으로 고생하던 여인이 예수님의 옷에 손을 대었을 때 예수님은 사람들에게 물으십니다.

내게 손을 댄 자가 누구냐_눅8:45

예수님이 정말 누가 손을 대었는지 몰라서 하신 말씀이 아닙니다. 당연히 누구인지 알고 계셨습니다. 그런데도 예수님은 굳이 물으시면서 이 사건을 모든 사람 앞에 들춰내십니다.

질병에는 세 가지가 있습니다. 첫째, 육신의 질병인 '병'입니다. 둘째, 마음의 질병인 '상처'입니다. 셋째, 영의 질병인 '죄'입니다. 12년 동안 혈루증을 앓고 있던 여인은 이 세 가지 질병을 모두 가지고 있었습니다.

여인은 예수님의 옷자락에 손을 대는 순간 혈루의 근원이 말라 버려 육신의 질병을 치료받았습니다. 그러나 육신의 질병이 고쳐졌다고 해서 완전한 치유를 얻은 것은 아닙니다. 이 여인은 무려 12년간 질병을 앓으면서 마음속 깊은 곳에 상처가 가득했습니다. 또한, 영혼도 아직 구원받은 상태가 아니었습니다.

예수님은 여인에게 말씀하십니다.

딸아 네 믿음이 너를 구원하였으니 평안히 가라_눅 8:48

예수님이 말씀하시는 평안은 세상이 말하는 고요한 상태의 '평화'peace가 아닙니다. 예수님이 주시는 평안은 '치유와 회복'입니다. 예수님은 여인의 병을 고치셨을 뿐 아니라 12년간 마음에 맺힌 상처를 치유하고 그의 영혼까지 구원하셨습니다. 여인에게는 불가능한 일 같았는데, 예수님은 가능한 일이었습니다.

절망이라는 장벽

불가능보다 더 큰 장벽이 무엇일까요? 절망입니다. 12년 동안 혈루증으로 고생한 여인이 '불가능'이라는 장벽 속에 있었다면, 딸의 죽음을 알게 된 회당장은 '절망'이라는 장벽에 갇혀 있었습니다. 이미 죽어서 어떻게 해볼 방법조차 없었기 때문입니다.

회당장은 자신의 사회적 신분과 사람들의 이목도 개의치 않고 예수님께 찾아올 만큼 믿음이 있던 사람이었습니다. 그런 회당장의 입장에서 보면, 자신이 이처럼 위험을 무릅쓰고 믿음을 보였는데, 예수님은 다른 일에 시간을 보내고 계셨던 것입니다. 그 와중에 자기 집에서 사람이 와서 딸이 죽었다는 소식을 전합니다. 완전한 절망입니다.

주님은 일부러 시간을 끌고 계셨습니다. 나사로가 병들

었을 때도 나흘이나 시간을 끌다가 그가 죽은 뒤에야 찾아가십니다. 하나님의 생각과 인간의 생각이 다르기 때문입니다. 인간의 생각은 '죽으면 안 된다'입니다. 하나님이 기적을 일으키실 타이밍은 '죽기 전'이어야 한다고 생각합니다.

예수님이 뒤늦게 회당장 야이로의 집에 도착했을 때 그곳에 모여 있던 사람들은 예수님을 비웃었습니다. 그들은 예수님이 이미 시기를 놓쳤다고 생각했습니다. 많은 사람의 병을 고쳤던 예수님이 이미 아이가 죽어버린 절망의 순간에 나타났기 때문입니다. 게다가 나중에 해도 될 법한 일을 먼저 하다가 이런 '실수'를 했으니 예수님을 원망과 조롱의 눈빛으로 바라봅니다.

예수님의 생각은 그들과 달랐습니다. 예수님은 울고 있는 사람들에게 말씀하십니다.

울지 말라 죽은 것이 아니라 잔다_눅 8:52

이 말을 들은 사람들은 예수님을 더욱 비웃었습니다. 이런 상황에서 예수님은 집에 모인 사람들을 다 내보내게 하십니다. 회당장 딸의 장례식을 치르려고 모인 사람들을 다 돌려보내라는 것입니다. 베드로와 야고보, 요한을 제외하고는 제자들도 집 밖으로 나가게 하십니다. 이런 일을 시키시는 예수님도 이해할 수 없지만, 그 말에 순종해서 사람들을 내보내는 회당장 야이로는 더 이해할 수가 없습니다.

사람들이 모두 나가자 예수님은 누워 있는 소녀에게 말씀하십니다.

아이야 일어나라_눅 8:54

그러자 말씀대로 소녀가 침상에서 일어납니다.

사람이 죽는 순간은 육체의 어떤 기관이 멈추었을 때만이 아닙니다. 하나님이 그 영혼을 취하실 때까지는 죽었다고 할 수 없습니다. 반대로 육체의 모든 장기가 움직이고 있어도 하나님이 그 영혼을 데려가시면, 그는 몸은 살았을지 몰라도 죽은 사람이나 마찬가지 아닐까요? 사람의 생사는 하나님의 손에 달려 있습니다.

이 소녀도 "일어나라!"는 예수님의 말씀을 듣고 그의 영이 돌아와서 곧 일어났습니다. 예수님은 죽을 고비에서 깨어난 소녀에게 먹을 것을 주라고 하십니다. 상황이 어떻게 변했습니까? 장례식장이 결혼식장보다 더 행복하고 기쁜 잔치로 변했습니다. 하나님은 우리에게 슬픔 대신 기쁨을 주시며, 재 대신 화관을 씌워 주시는 분입니다(사 61:3).

얼굴부터 풀어야 산다

우리말에 "얼굴 펴세요!"라는 표현이 있습니다. 얼굴을
찡그리게 되는 어려운 상황일수록 얼굴빛을 좋게 하라는 말
입니다. 저는 목사로서 중환자실에 있는 성도를 만나러 갈
때가 간혹 있습니다. 중환자실은 생사의 갈림길에 선 환자가
있는 곳이기 때문에 그 옆에 있는 사람이 매우 중요합니다.

중환자실은 환자를 안타까워하며 함께 울어줄 사람이 필
요한 곳이 아닙니다. 하나님의 생명력으로 죽음의 그림자를
몰아내는 영적 전투를 할 사람, 즉 기도하는 사람이 필요한
곳입니다. 그래서 저는 중환자실에 들어갈 때 이미 건강해진
사람을 만나듯 기쁜 얼굴로 들어갑니다. "예수 그리스도의
생명력이 임할지어다!" 하면서 힘 있게 기도합니다.

기도의 응답이 언제 옵니까? 웃을 때 옵니다. 얼굴이 풀
릴 때 응답이 옵니다. 힘든 상황 중에 기도할 때 처음부터 기
쁠 수는 없습니다. 애통하고 답답한 마음을 가지고 눈물로
기도를 시작하게 됩니다. 그런데 이러한 애통의 시간이 지나

고 기도의 분량이 차면, 뱃속 깊숙한 곳에서 무언지 모를 기쁨이 올라오는 경험을 하게 됩니다. 자연스럽게 얼굴도 풀어집니다. 이때가 응답이 오는 순간이요, 풀림을 경험하는 순간입니다.

회사에서 신입사원을 뽑을 때 최종 면접을 통해서 보는 것은 그 사람의 인상印象입니다. 특히 영업과 관련된 일을 하는 곳은 더욱 인상이 중요합니다. 사람의 얼굴에는 그 사람의 인생이 어느 정도 묻어나기 때문입니다. 결혼하기 전에 사돈이 될 집안 어른들이 상견례를 하는 이유도 그 부모의 인상을 보고 판단하려는 데 있습니다. 인상이 그만큼 중요합니다.

대장장이는 풀무 불에 쇳덩어리를 집어넣었다가 빼서 식히고 두드리는 일을 반복합니다. 그러면 풀무 불에 집어넣는 일이 끝나는 때는 언제일까요? 풀무 불에서 빼낸 시뻘건 쇳덩어리에 대장장이의 얼굴이 거울처럼 투명하게 비칠 때라고 합니다. 대장장이의 마음에 드는 때이지요.

그렇다면 그리스도인이 인생의 뜨거운 풀무 불에서 빠져나올 수 있는 때는 언제일까요? 물고기 뱃속에서 나온 요나와 사자 굴에서 나온 다니엘처럼, 우리 인생이 풀리는 때는 우리 얼굴에서 모든 독기毒氣와 한기恨氣가 빠지고 하나님의 기운이 보일 때입니다.

기도의 분량을 채우라

가나의 혼인 잔치에서 하인들이 물 항아리의 입구까지 물을 채웠을 때 기적을 보았듯이 인생에도 기도의 양이 차는 때가 있습니다. 그 사람의 얼굴이 환하게 풀어질 때 '이제 기도가 찼구나!' 하고 알 수 있습니다.

예수님은 십자가에 달려 돌아가시기 전날 밤, 겟세마네 동산에서 간절한 기도를 드리셨습니다. 예수님의 십자가 죽음은 태초부터 정하신 하나님의 계획이었습니다. 예수 그리스도가 세상에 오신 이유도 십자가를 지시기 위해서였습니다.

그러나 인성人性을 입으신 예수님은 십자가 앞에서 이렇게 간구하실 수밖에 없었습니다.

> 내 아버지여 만일 할 만하시거든 이 잔을 내게서 지나가게 하옵소서 그러나 나의 원대로 마시옵고 아버지의 원대로 하옵소서_마26:39

얼마나 간절했는지 땀방울이 핏방울이 되도록 기도했다고 성경은 기록합니다. 그런데 기도의 양이 차자 예수님은 제자들에게 이렇게 말씀하십니다.

일어나라 함께 가자 보라 나를 파는 자가 가까이 왔느니라_마 26:46

십자가 앞에서 말할 수 없는 고민과 두려움으로 기도를 시작하셨지만, 기도의 양이 차고 나니 십자가의 무게를 감당할 수 있는 영적 담력이 생기신 것입니다. 예수님은 마침내 십자가를 감당하여 우리를 구원하셨습니다.

겟세마네 동산에서 기도를 마치고 내려오시던 예수님의 얼굴을 상상해봅니다. 마치 시내 산에서 40일 금식 기도를 드리고 하나님의 율법을 가지고 내려왔던 모세의 얼굴처럼 빛나지 않았을까요? 얼굴의 광채가 너무 눈부셔서 수건으로 얼굴을 가렸던 모세처럼 예수님의 얼굴도 빛났을 겁니다.

기대하고 웃으라

다시 회당장의 이야기로 돌아가 봅시다. 이 사건은 불가능한 수준이 아니라 완전한 절망입니다. 그러나 하나님은 약속하십니다.

내가 네게 허락한 것을 다 이루기까지 너를 떠나지 아니하리라_창 28:15

그리스도인이라면 하나님이 우리를 떠나지 않으신다는 사실은 압니다. 문제는 '흔들리는 현실의 삶에서 어떻게 기도의 분량을 채우고 하나님의 풀림이 역사하시게 할 수 있는가?'입니다.

마귀는 우리를 절망하게 하지만, 예수님은 우리를 회복시키는 분입니다. 주님이 장례식을 잔치로 바꾸어주시는 과정에서 회당장은 잠시 하나님의 흔드심을 경험했습니다. 깊은 절망이라는 흔드심이었습니다. 이 흔드심 속에서 그는 하나님의 풀어주심을 기대합니다.

우리나라 속담 중에 "떡 줄 사람은 생각도 안 하는데 김칫국부터 마신다"는 말이 있습니다. 믿음은 김칫국부터 마시는 것입니다. 한 걸음 더 나아가서 이빨부터 쑤시는 것입니다.

세상 사람들은 보이는 실상을 말하지만, 믿는 자는 '바라는 것의 실상'을 말합니다(히 11:1). 이미 이루어진 사실만 믿는다면 믿음이 아니라 과학입니다.

우리는 아무것도 보이지 않는 칠흑 같은 어둠 속에 있어도 겁먹을 필요가 없습니다. 우리의 어두운 현실을 뚫고 소망의 빛을 비추시는 하나님의 풀림이 있기 때문입니다. 하나님의 흔드심으로 불가능과 절망을 만났다면 풀림을 기대하고 웃으십시오.

어떤 문제로 오랜 시간 기도하는 분들을 보면, 어떤 분은 제가 억지로라도 얼굴을 펴주고 싶습니다. 죽을상을 한 얼굴로는 풀림의 때가 멀었음을 알기 때문입니다. 바로 1분 후면 하나님의 응답이 올 것처럼 얼굴을 먼저 환하게 푸는 그리스도인이 되십시오. 흔드심은 풀림의 역사가 시작되는 순간이기 때문입니다.

하나님의 주권 인정하기

03

클래식 음반 중에 천만 장 이상 팔린 음반이 두 장 있습니다. 하나는 이탈리아 로마에서 열린 '3대 테너'The Three Tenors의 공연 실황이고, 다른 하나는 미국 LA에서 열린 '3대 테너'의 공연 실황입니다. 두 음반 모두 세계적인 3대 테너의 공연을 녹음한 것입니다. 이 세 명의 테너는 호세 카레라스, 플라시도 도밍고, 루치아노 파파로티입니다.

호세 카레라스와 플라시도 도밍고

유럽 출신인 이 세 사람이 처음부터 사이가 좋았던 것은 아닙니다. 이들은 서로 라이벌 관계였습니다. 그들 중에서도 도밍고는 스페인의 마드리드 출신이며, 카레라스는 스페인의 카탈루냐 출신입니다. 카탈루냐는 스페인의 자치령으로, 스페인의 지배에서 벗어나려고 투쟁하는 지역이었습니다. 본토 스페인과 지역감정이 좋을 리 없었습니다. 도밍고와 카레라스도 서로에게 이런 적대감이 있었습니다. 그러다 보니 함께 공연하는 일은 거의 드물었습니다.

그러던 어느 날, 호세 카레라스가 성악가로서 한창 나이인 41세에 그만 백혈병에 걸렸습니다. 그는 치료를 위해 골

수 이식을 하는 등 투병생활을 하느라 모아둔 재산을 다 써버리고 맙니다. 그때도 라이벌인 도밍고는 여전히 승승장구하고 있었습니다. 카레라스는 그런 도밍고를 볼 때마다 질투가 나서 견딜 수가 없었습니다. 병은 점점 악화되었고 카레라스는 절망 속에서 하나님께 이렇게 기도합니다.

"하나님, 만약 제게 다시 노래할 기회를 주신다면, 이제는 저를 위해 노래하지 않고 하나님을 위해 노래하겠습니다."

그는 마침 스페인 마드리드 지역에서 백혈병 환자를 구제하는 일을 하던 에르모사Hermosa라는 신생 재단을 알게 됩니다. 그 재단의 도움으로 카레라스는 마침내 백혈병을 완치할 수 있었습니다. 그 후 그는 영국의 코벤트 가든 무대에서 재기에 성공합니다.

악한 일도 선하게 바뀌는 은혜

백혈병을 이겨내고 다시 왕성하게 활동하는 카레라스에게 사람들은 열렬한 응원과 환호를 보냈습니다. 다시 수입이 생기자 그는 자신이 도움을 받았던 재단에 감사의 사례를 하려고 찾아갔습니다. 그러나 설립자가 누구인지는 알 수 없었습니다.

수소문 끝에 재단의 이사장을 알아낸 카레라스는 깜짝 놀랐습니다. 그 이사장은 자신이 라이벌로 생각하며 질투했던 플라시도 도밍고였습니다. 재단의 설립 시기를 보니 자신이 백혈병에 걸려 치료받던 때였습니다. 도밍고는 카레라스가 자신의 도움을 거절할 것을 알고 익명으로 재단을 설립해서 몰래 후원했던 것입니다. 이 사실을 알게 된 카레라스는 큰 충격을 받았습니다.

어느 날 도밍고의 공연이 끝나고 관객들이 "앵콜!"을 외칠 때, 객석에 있던 카레라스가 무대 위로 올라왔습니다. 그는 도밍고 앞에 무릎을 꿇고 용서를 구했습니다. 도밍고는 놀라서 카레라스를 일으켰고, 둘은 서로를 안아주며 함께 앵콜송을 불렀습니다.

이 일을 계기로 1990년 7월 7일, 세계 3대 테너가 한 무대에 서는 역사적인 공연이 로마에서 열렸습니다. 카레라스는 이후 모든 공연의 수익금 일부를 에르모사 재단에 기부했다고 합니다. 카레라스는 이렇게 말했습니다.

"때로는 불행도 은혜가 될 때가 있다. 나는 투병생활을 하고난 후, 남을 생각할 줄 아는 사람이 되었다. 이제 나는 단순히 노래만 부르는 사람이 아니다. 절망과 자기 연민에 빠진 사람들에게 소망을 주며, 하나님을 증거하기 위해 노래한다.”

인생을 살다 보면 어둠이 찾아옵니다. 카레라스처럼 병이 들거나 악한 일도 만나게 됩니다. ‘악’은 영어로 ‘evil’입니다. 이것을 거꾸로 읽으면 ‘live’, 즉 산다는 뜻입니다. 이처럼 그리스도인에게는 악한 일도 선한 일로 바뀌는 은혜가 있습니다.

하나님의 주권을 인정하라

아일랜드의 극작가 버나드 쇼의 묘비명에는 유명한 문구가 적혀 있습니다.

“우물쭈물하다가 내 이렇게 될 줄 알았지”(I knew if I stayed around long enough, something like this would happen).

인생을 살다 보면 누구든지 실수하거나 잘못된 선택을 할 때가 있습니다. 그러므로 어리석은 판단을 했던 나 자신을 용서할 뿐 아니라 다른 사람도 용서하는 사람이 되어야 합니다. 이런 사람의 인생을 ‘풀린 인생’이라고 합니다.

저는 여기서 한 발자국 더 앞으로 나아가기를 바랍니다.

"하나님을 용서하는 인생이 되십시오."

이런 말을 들으면 대부분의 사람은 의문을 갖습니다.

"사람이 감히 하나님을 용서한다고?"

우리 정서나 신앙으로는 받아들이기 어려운 말일 수 있습니다. 이렇게 생각하는 것은 우리나라의 유교 전통 때문입니다. 우리는 높은 사람이 낮은 사람의 잘못을 사해주는 의미로만 용서를 생각합니다.

하나님을 용서하라는 말은 그런 뜻이 아닙니다. 하나님을 원망하지 말고, 나에게 이 모든 고통스러운 상황을 허락하신 하나님의 주권을 인정하라는 말입니다.

예전에 제가 도저히 풀리지 않는 상황 속에 있었을 때, 저는 제 앞길을 막는 분이 하나님이라고 생각했습니다. 하나님이 저를 이러한 상황에 내버려두셨다는 사실이 이해가 되지 않아서 하나님을 원망했습니다.

저는 모태신앙으로 자랐기 때문에 어려서부터 "하나님은 나의 구원자이시며 나를 돕는 분이시다"라는 것을 한순간도 의심해본 적이 없습니다. 그런데 "나를 도울 수 있는 하나님께서 왜 내가 인생의 밑바닥에서 가장 힘들어할 때 돕지 않으시나?" 하는 의문 때문에 괴로웠습니다.

"내가 지금 이 지경으로 고통당하는데 도대체 하나님은 어디 계십니까? 하나님은 누구를 향해 고개를 들고 계십니까? 왜 나를 돕지 않으십니까?"

내 안에 이렇게 원망하는 마음이 많았습니다. 제 내면에 깊이 뿌리내린 분노의 원인이었습니다.

고난에도 한계가 있다

저는 여러 과정을 거치면서 제 나름대로 이 의문에 대한 답을 얻었습니다.

첫째, 하나님은 언제나 저와 함께 계셨습니다. 누가복음 15장에는 유명한 탕자의 비유가 나옵니다. 둘째 아들은 아버지의 유산을 미리 받아서 먼 나라로 떠납니다. 그는 그곳에서 재물을 탕진하고 갖은 고생을 합니다. 이 장면에는 돼지 우리에서 돼지를 치며 쥐엄 열매로 배를 채우는 탕자의 모습이 자세히 묘사되어 있습니다.

탕자가 집을 나와 먼 나라로 떠났지만, 하나님은 이 아들이 어디 가서 무엇을 먹고 어떤 고생을 하는지 다 알고 계셨습니다. 심지어 탕자의 마음속에 있는 생각까지도 알고 계셨습니다.

둘째, 하나님은 고난의 한계를 정해놓고 보호하셨습니다. 탕자의 고난을 아셨던 하나님이 아무것도 안 하고 계셨을까요? 아닙니다. 비록 탕자가 인생의 밑바닥에서 고생하고 있었지만, 그의 목숨까지 상하지 않도록 하나님이 보호하고 계셨습니다.

하나님은 그의 자녀에게 때로 감당하기 힘든 고난을 허락하십니다. 성경 인물 중에서 많은 고난을 겪은 가장 대표적인 인물이 욥입니다. 수많은 고난을 겪었던 욥에게 가장 견디기 힘들었던 고난은 무엇이었을까요? 하나님께서 이 고난을 허락하셨다는 사실이었습니다.

욥은 모든 재산을 잃었습니다. 가축과 종들도 모두 사라졌으며, 열 명의 자녀가 하루아침에 다 죽었습니다. 그런데도 욥이 하나님을 원망하지 않자, 마귀가 이번에는 그의 목숨을 건드리려고 합니다. 이때 지금까지 욥의 모든 고난을 허용하셨던 하나님은 마귀에게 명령합니다.

그의 생명은 해하지 말지니라_욥 2:6

욥은 몸에 심한 악창이 나서 죽을 지경이 됩니다. 그의

아내마저 하나님을 욕하고 죽으라고 할 정도로 더는 내려갈
곳이 없었습니다(욥 2:9). 하지만 욥의 목숨만은 마귀가 건드
리지 못합니다. 하나님은 욥에게 고난을 허용하셨지만, 그
한계를 정해 놓으셨습니다.

　우리 삶의 현장에도 수많은 고난이 있습니다. 하나님이
그 어려움을 허용하기는 하셨지만, 하나님이 정해놓으신 한
계가 반드시 있습니다. 하나님의 흔드심에는 다시 풀리는 시
점이 반드시 있기 때문입니다.

삶의 중심축을 이동시켜라

 04

이 시대에는 하나님 나라의 일에 물질로 헌신할 목적을 가지고 거부가 되길 기도하는 실업인이 많이 있습니다. 그분들은 회사의 어떤 프로젝트를 성공적으로 진행하기 위해 제게 기도를 부탁하곤 합니다. 만약 그 프로젝트를 '그것'으로 부른다고 가정해봅시다.

한 기업의 대표인 성도 한 분이 제게 오시더니 이렇게 고백합니다.

"목사님, '그것'이 잘 성사되면 하나님 나라를 위해 사용하겠습니다."

평소 그 성도의 신앙생활이나 태도를 볼 때 정말 그렇게 할 분이기에 저도 함께 '그것'을 위해 기도합니다.

그런데 그분과 같은 마음을 가진 그리스도인들에게 한번 질문해보고 싶습니다. '그것' 때문에 하나님이신 '그분'이 흔들리고 있지는 않습니까?

'그것'인가, '그분'인가?

세상은 성공 중심의 삶을 지향합니다. 성공의 대상은 무엇이며 누구입니까? 그 대상은 '나'와 '그것'입니다. 반면 그리스도인은 이렇게 말합니다.

"나의 성공은 오직 하나님을 위한 것입니다."

이들은 '그것'이 성공하면 정말 하나님 나라의 일을 위해 사용하려는 마음으로 시작합니다. 그런데 '그것'이 오랫동안 응답되지 않습니다. 일주일, 한 달, 혹은 작정한 시간이 지나가도 여전히 이루어질 기미조차 보이지 않습니다. 신앙 생활은 무력감에 빠지고 믿음 자체가 흔들리는 상황이 되고 맙니다.

그렇다면 이 사람에게 인생의 중심축은 '그것'입니까, '그분'입니까? 우리 인생의 중심축이 어디에 있는가는 이처럼 중요한 문제입니다.

하나님이 우리 인생의 중심축이십니다. 예수를 믿는 사람이라면 누구나 그렇게 가르치고 배웠습니다. 그러나 실제로 우리의 인생에서 하나님이 삶의 중심축이십니까?

임마누엘이신 주님은 우리와 함께 거하시기 원하지만, 우리는 주님을 마치 일처럼 대합니다. 주님이 내 문제를 해결해주셨고 나도 감사를 드렸으니 이제 그만 떠나주셨으면 하는 것이 우리의 모습이 아닙니까?

우리의 삶에는 많은 문제가 산재해 있습니다. 직장 문제, 가정 문제, 자녀 문제, 건강 문제 등 해결해야 할 문제가 하나둘이 아닙니다. 이러한 문제가 하나님보다 더 현실적으로 우리에게 다가와서 우리의 관심을 온통 빼앗아 갑니다.

현대를 살아가는 중년 가장은 이런 문제 때문에 어깨가 무겁습니다. 온종일 일에 시달리다가 집에 오면 말 한마디 하는 것조차 피곤합니다. 저녁을 먹는 둥 마는 둥 하고 소파에 누워 뉴스나 보다가 잠이 들곤 합니다. 너무 지친 나머지 아내나 아이들이 불러도 꼼짝할 힘이 없습니다. 심지어 하나님이 부르셔도 대답할 기력이 없을 것 같습니다. 너무 바쁜 삶을 살고 있습니다. 왜 이렇게 되었을까요? 자신도 모르는 사이에 삶의 중심축이 바뀌었기 때문입니다.

하나님 '그분' 외에 다른 '그것'이 삶의 중심축이 되었다면 빗나간 인생입니다. 고장 난 것이 아니라 중심축이 빗나가서 어긋난 것입니다. 이런 경우 우리는 흔히 믿음이 없어졌다고 말합니다. 기도가 없어지고 우리의 마음이 쉽게 상한다면, 어긋난 중심축 때문입니다.

그리스도인의 중심축
야구 경기에서 타자들은 자신이 유지해온 궤적을 따라 스윙을 합니다. 연습량이 많은 선수는 컨디션을 잘 유지해서 좋은 성적을 낼 수 있습니다. 반면 연습량이 적은 선수는 애초에 자신만의 궤적이 없으니 유지할 것도 없습니다. 이러한 이유로, 평소에 연습량이 많은 유능한 타자는 시즌 후반부쯤에 들어서면 자신의 궤적을 초월한 스윙도 하게 됩니다.

연습 벌레로 유명했던 이승엽 선수는 경기가 없는 휴일에 공식 훈련이 끝난 뒤에도 주차장 한쪽에서 새벽이 되도록 배팅 연습을 했다고 합니다. 그 모습을 본 다른 선수가 "이승엽은 과연 국민 타자가 맞다"고 할 정도였습니다.

왜 그토록 연습할까요? 남들이 보기에는 지금도 공이 잘 맞는데, 선수 자신은 자신의 타율이 예전만 못하다는 사실을 압니다. 미세하게 흐트러진 궤적 때문에 홈런을 치던 타구가 3루타에 그치게 됩니다. 그러므로 본격적인 시즌이 시작되기 전 동계훈련에서 충분한 연습량을 쌓아두어야 합니다. 이렇게 연습한 선수가 그 궤적을 가지고 본 시즌에서도 좋은 성적을 낼 수 있습니다. 또한, 이 궤적은 어떤 투수의 공에도 하체의 중심축이 흔들리지 않을 때 유지될 수 있습니다.

그리스도인은 어느 때에도 중심축이 하나님이어야 합니다. 우리가 기도하다 보면 몇 개월, 혹은 일 년이 지나도록 기도가 응답되지 않을 때가 있습니다. 기도 응답은커녕 암담

한 현실은 오히려 악화되어 갑니다. 이런 시간이 오래 지속되면 지치기 마련입니다. '혹시 내가 잘못 구했나?' 하는 생각도 듭니다. 급기야 영적인 무력감에 빠져 '이 기도를 계속해야 하나?'라는 의문이 듭니다. 이런 영적인 무력감이 극에 달하면 자신의 믿음에 회의를 느끼고, 결국 다음과 같은 두 가지 반응을 보입니다.

첫 번째 유형은 교회와 하나님을 떠나 영적인 방학에 들어가는 사람입니다. 다른 사람이 풀어지는 역사를 보아도 자신과는 관계가 없다고 여깁니다. 두 번째 유형은 '왜 그럴까?' 하고 원인을 따져보고 고민하는 사람입니다.

저의 경우는 후자였습니다. 저는 어린 시절에 해결되지 않는 문제가 있을 때마다 '왜 그럴까?' 하는 생각을 많이 했습니다. 그러면 주위 어른들은 이렇게 말했습니다.

"네가 의심이 많아서 그래."

"네가 아직 믿음이 없어서 그래."

이렇게 말하는 사람들도 있었습니다.

"아브라함은 약속을 받고 이삭을 얻기까지 25년 걸렸어."

"모세는 부름을 받기까지 40년 걸렸어."

"야곱은 라반의 집에서 14년 이상 일해서 라헬을 얻었잖아!"

그러면서 하나님이 답을 주실 때까지 인내하라고 했습니다.

처음 이런 말을 들을 때는 "그래, 내가 아직 인내가 부족했구나. 더 기다리며 기도하자"고 결심했습니다. 그러나 시간이 지나면 다시 무력감에 빠지고 여전히 문제는 해결되지 않았습니다. 신앙의 무력감은 깊어지는데, 더 심한 말이 들려옵니다.

"조상 탓이야! 그러니 조상으로부터 내려오는 저주의 고리를 끊어야 해."

저는 순교자의 가문에서 태어났습니다. 저희 집안은 몇 대째 신앙을 이어오는 동안 우상숭배나 신앙을 벗어난 환경에서 지낸 적이 전혀 없습니다. 그래서 이런 말에는 동의가 되지 않았습니다. 이번에는 또 다른 말이 들려옵니다.

"헌금이 부족해서 그래."

"봉사가 좀 부족하지 않나?"

이런 말들을 듣다 보니 신앙의 무력감은 점점 더 깊어져만 갔습니다. 결국 저는 청년 시절에 심한 신앙의 갈등을 겪게 되었습니다. 이른바 신앙의 슬럼프에 빠졌습니다.

빗나간 중심축 바로잡기

실력 있는 운동선수도 시즌 막바지에 갑자기 슬럼프에 빠지는 경우가 있습니다. 고수라 해도 하수는 알 수 없는 고수만의 슬럼프가 있기 때문입니다. 고수는 자신의 궤적이 조금이라도 빗나가면 재빨리 눈치를 채고 어떻게든 그 슬럼프가 길어지지 않도록 훈련에 전념합니다.

이때 이미 운동량이 차 있는 고수라면 운동량을 더 늘리는 방법으로 슬럼프를 지나가지 않습니다. 흐트러진 자신의 중심축을 다시 원래 상태로 돌려놓는 훈련을 합니다. 이렇게 중심축이 다시 잡히면 슬럼프는 마침내 지나갑니다. 힘든 시기를 견뎌내고 슬럼프를 뛰어넘은 선수는 한 단계 높은 차원으로 판이 바뀌는 실력을 갖추게 됩니다.

당신의 인생이 지금 하나님의 흔드심 가운데 있습니까? 그렇다면 빗나가 있는 인생의 중심축을 다시 하나님께로 옮겨 놓아야 할 때입니다.

성경 인물 중 인생의 황금기에 중심축이 빗나가서 하나님의 흔드심 속에 들어간 사람이 있습니다. 모세입니다.

40세의 모세는 애굽의 압제 아래 있는 이스라엘 백성의 참담함을 보고 자신만이 이스라엘의 출애굽을 감당할 수 있다고 생각했습니다. 자신의 출생과 성장 과정 자체가 하나님의 인도하심이었기 때문입니다. 그는 애굽의 왕자로 자라났기에, 히브리인이면서도 정치적인 힘을 가지고 있었습니다. 애굽의 선진 지식을 습득했을 뿐 아니라 바로 앞에 당당히 설 수 있는 담대함과 리더십도 있었습니다.

그러나 이는 모세의 생각일 뿐이었습니다. 하나님은 모세가 없어도 이스라엘을 출애굽 시키실 수 있는 분입니다. 모세는 자신의 정의로움을 자랑하다가 결국 살인자 신세가 되어 40년 간 혹독한 광야 학교에 들어가게 됩니다.

먼저 '그분'을 구하라

광야에서 하나님은 모세에게 인생의 중심축이 '그분'인가, '그것'인가를 물으십니다. 모세는 40년 동안 철저히 '그것'을 내려놓고 '그분'을 선택한 결과, 출애굽 프로젝트의 대업을 이끄는 하나님의 사람으로 쓰임 받았습니다.

출애굽한 이스라엘 백성은 하루도 빠짐없이 '그것'을 요구했습니다. 밥을 달라, 물을 달라, 고기를 달라고 합니다.

모세는 그런 이스라엘 백성에게 끊임없이 '그분'을 구하라고 외칩니다.

> 9오직 너는 스스로 삼가며 네 마음을 힘써 지키라 두렵건대 네
> 가 그 목도한 일을 잊어버릴까 하노라 두렵건대 네 생존하는
> 날 동안에 그 일들이 네 마음에서 떠날까 하노라 너는 그 일들
> 을 네 아들들과 네 손자들에게 알게 하라 10네가 호렙산에서
> 네 하나님 여호와 앞에 섰던 날에 여호와께서 내게 이르시기
> 를 나를 위하여 백성을 모으라 내가 그들에게 내 말을 들려서
> 그들로 세상에 사는 날 동안 나 경외함을 배우게 하며 그 자녀
> 에게 가르치게 하려 하노라 하시매_신4:9,10

이 말씀은 현대를 살아가는 그리스도인에게 주시는 하나
님의 말씀이기도 합니다. 하나님이 내가 구하는 '그것'을 주
지 않으신다고 해도 하나님을 인생의 중심축으로 두라는 말
씀입니다. 풀무 불에 들어갈 위기에 놓였던 다니엘의 세 친
구 사드락, 메삭, 아벳느고의 고백처럼 '그렇게 하지 아니
하실지라도' 인생의 중심축을 하나님께 두는 것입니다(단
3:18). 이것이 믿음입니다.

하나님은 우리가 무엇이든지 구하면 주신다고 약속하셨
습니다.

내가 진실로 진실로 너희에게 이르노니 너희가 무엇이든지 아버지께 구하는 것을 내 이름으로 주시리라_요 16:23

이 말씀 안에는 '그것'도 포함되어 있습니다. 세상의 '그것'을 구하는 기도가 잘못된 기도는 아닙니다. 앞으로도 우리는 계속해서 '그것'을 구할 가능성이 큽니다. '그것'을 아예 구하지 말라는 뜻이 아니라, 오로지 '그것'에만 목을 매고 구하지 말라는 뜻입니다.

휴양지가 아무리 좋을지라도

철새는 본향을 찾아 먼 여행을 하는 길에 우리나라에 잠시 들릅니다. 이때 철새는 잠시 머물다 갈 뿐입니다. 우리나라에 영원히 살려고 오는 게 아닙니다. 우리가 사는 이 세상은 우리의 궁극적인 본향이 아닙니다. 본향을 찾아가는 길에 잠시 들러 쉬어가는 곳입니다. 휴양지의 호텔이 아무리 좋아도 여행 일정이 끝나면 그곳에서 나와 집으로 돌아가게 됩니다.

그리스도인은 늘 '그것'이 아닌 '그분'에게로 돌아가야 하는 사람입니다. 이것이 그리스도인의 '영적 회귀본능'입니다.

영적 회귀본능이 있는 그리스도인이 인생의 중심축을 '그분'이 아닌 '그것'으로 삼으면 흔들림을 겪게 됩니다. 초신자는 이런 고민을 거의 하지 않습니다. 영적 흔들림은 신앙생활을 오래 했거나, 믿음이 있고 기도하는 사람이 주로 겪는 일입니다.

영적 체험이나 능력, 기도와 말씀 묵상, 경건 생활과 선교 등의 영적인 일들은 그리스도인의 신앙생활에서 아주 중요한 요소입니다. 이러한 영적인 일들은 하나님의 자녀가 열정을 가지고 하나님께 나아가도록 돕습니다. 그러나 이런 영적인 일조차도 그 자체가 중심축이 되어버리면 하나님의 중심축에서 빗나간 인생이 될 수도 있습니다.

예를 들어 영적인 체험을 할 때는 너무나 행복한데, 일상으로 돌아오니 현실의 복잡한 문제가 다시 발목을 잡습니다. 그러다 보면 세상의 문제에서 도피하기 위해 영적 체험 속에만 빠져 살 수 있습니다. 그러면 중심축이 빗나간 것입니다. 영적인 체험을 해야 하나님의 임재를 느낄 수 있습니다. 그러나 영적 체험만으로 모든 만족을 얻을 수 없고, 그런 체험 속에서만 살아갈 수도 없습니다.

우리는 하나님만을 인생의 중심축으로 삼고 그분의 인도하심을 따라 살아가야 합니다. 그럴 때 흔들리는 세상에서도 흔들리지 않습니다.

흔드심은 하나님의 자녀인 우리 인생의 중심축에 하나님을 두게 하시려는 하나님 아버지의 은혜입니다. 또한, 한 차원 높은 새로운 판으로 옮겨가게 하시려는 하나님의 인도하심입니다.

지금 인생이 흔들리고 있지는 않습니까? 오랜 기도에도 응답을 얻지 못해 신앙의 무력감에 빠져 있지는 않습니까? 이러한 흔드심 속에 있다면 인생의 중심축을 하나님으로 바로 세우십시오. 그래서 마침내 새로운 판으로 옮겨 놓으실 하나님의 풀림을 맛보게 되길 바랍니다.

2

흔들릴 때
버려야 할 것

그리스도인은 하나님 앞에서 울며

마음속에 있는 한을 털어놓는 사람입니다.

사람 앞에서 한을 털어놓으면

잠시 위안을 얻을 수는 있지만,

인생이 풀어지는 경험은 하지 못합니다.

인생의 문제가 풀리도록 역사하시는 분은

오직 하나님이십니다.

흔들릴 기회를 피하지 말라

 05

이상구 박사에게 다음과 같은 이야기를 들은 적이 있습니다. 자궁암 치료를 위해 자궁과 난소를 적출한 환자는 자생적으로 여성 호르몬이 생성되지 않기 때문에 반드시 여성 호르몬제를 복용해야 한다고 합니다. 그렇지 않으면 남성 호르몬 과다로 어깨가 넓어지고 가슴은 작아지는 등, 여성스러운 몸매가 사라지고 목소리까지 중성화된다고 합니다.

그런데 특이하게도 여성 호르몬제를 복용하지 않은 일부 환자에게서 자생적으로 여성 호르몬이 생성되는 경우가 발견되었습니다. 그들을 조사해보니 한 가지 공통점이 있었습니다. 그들은 자신의 몸이 여성 호르몬을 생성하지 못하게 된 사실을 몰랐거나, 그 사실을 믿지 않은 사람들이었습니다. 한마디로 의학 상식이 전혀 없는 사람들이었습니다.

의학 상식이 있는 사람들은 미리 알아서 호르몬제를 복용했지만, 이들은 모르다 보니 약에 의존하지 않고도 당연히 호르몬이 생성될 줄로 믿었습니다. 그런데 정말 기적처럼 호르몬이 생성된 것입니다. 이런 믿기 어려운 보고를 한 의사의 마지막 말이 흥미로웠습니다.

"인생은 참 신비롭습니다. 여러분도 믿음을 가지세요!"

흔들릴 때 버려야 할 것

하나님의 구원 시스템

똑똑한 사람은 하나님이 필요 없습니다. 지식이 많은 사람은 자기가 아는 지식을 초월하기 어렵습니다. 그래서 알고 있는 지식의 한계가 곧 자신의 한계인 경우가 많습니다.

지식이 많으면 다른 사람보다 시작이 빠를 수는 있습니다. 남들이 못하는 새로운 발명을 하거나 크게 성공할 수도 있습니다. 하지만 '어떻게 구원을 받는가?'와 같은 영적인 문제는 사람의 지식으로는 도저히 알 수 없습니다. 그렇다면 사람은 어떤 시스템으로 구원을 받게 될까요?

마태복음 25장에는 외국에 장사하러 가는 어떤 주인의 이야기가 나옵니다. 이 주인은 오랜 시간 집을 비워야 했기에 자신의 재산을 평소 믿음직했던 청지기들에게 맡깁니다. 청지기들에게 다섯 달란트, 두 달란트, 한 달란트를 각각 맡기고 각자 알아서 장사하게 합니다.

이 이야기에서 주인은 하나님이고 우리는 청지기라고 할 수 있습니다. 주인과 청지기는 동업의 관계입니다. 동업이 아름답게 이루어지려면 상대방의 시스템을 잘 알고 있어야 합니다. 이는 마치 결혼생활과 같습니다. 상대방 집안의 가풍을 잘 알아두면, 훗날 양쪽 집안 사이에 생길 수 있는 갈등을 예방할 수 있습니다.

이처럼 청지기는 주인을 잘 알아야 합니다. 주인을 많이 아는 청지기가 주인의 마음을 시원하게 합니다. 하나님의 청지기인 우리도 마찬가지입니다. 하나님의 시스템을 잘 알고 있어야 합니다. 하나님의 구원 시스템은 '율법과 은혜'입니다. 하나님은 율법과 은혜로 나를 구원하시는 분입니다.

율법에 붙잡힌 여인

예수님의 생애를 그린 영화 〈패션 오브 크라이스트〉에서 제게 인상 깊었던 장면이 하나 있습니다.

병사들에게 잡히신 예수님은 빌라도 법정에서 채찍에 맞으시고 고문을 당합니다. 등과 팔, 다리 할 것 없이 살점이 찢겨나가고 사방에 피가 낭자합니다. 로마 병사가 예수님의 머리에 가시 면류관을 씌웠을 때, 그 참혹한 모습은 이루 말할 수가 없었습니다.

고문을 당한 예수님은 옥에 갇히시고, 고문을 받았던 장소에는 참혹한 피의 흔적들이 남아 있었습니다. 그때 예수의 모친 마리아가 깨끗한 세마포를 들고 와서 그 피를 닦습니다. 그 모습을 보던 또 다른 여인도 마리아 옆으로 다가와 함께 피를 닦아냅니다. 이 여인은 피를 닦으면서 자신이 예수님을 만났던 장면을 떠올립니다.

그는 예루살렘에서 유명한 여인이었습니다. 많은 죄를 지었으며 상처가 많았던 여인입니다. 그녀는 간음하다가 현장에서 붙잡혔습니다(요 8:3-11). '간음하지 말라'는 제7계명을 공개적으로 어긴 것입니다.

이 율법을 어긴 죄인은 모두가 볼 수 있는 광장 한복판에 세워놓고 지켜보는 모든 사람이 돌로 쳐서 죽여야 했습니다. 그렇게 하지 않으면 간음한 사람과 똑같이 율법을 어기게 됩니다.

죄의 값은 사망입니다. 죄를 지으면 죗값을 치러야만 그 법이 성립됩니다. 율법은 이 여인에게 "너는 죄를 지었으니 죽어야만 한다"고 말합니다. 로마서는 죗값에 대해 이렇게 정의합니다.

죄의 삯은 사망이요 하나님의 은사는 그리스도 예수 우리 주 안에 있는 영생이니라_롬 6:23

역설의 은혜

간음한 현장에서 붙잡힌 이 여인은 예수님 앞으로 오게 되었습니다. 서기관과 바리새인이 예수님을 고발할 구실을 찾으려고 데려온 것입니다. 이 일은 도리어 예수님이 여인을 살리시는 계기가 되었습니다.

이 여인은 인생의 커다란 문제를 가지고 있었습니다. 여인으로서 인생의 모든 치부가 드러나 완전히 죽음에 직면했기 때문입니다. 하지만 그 문제 때문에 예수님 앞에 올 수 있었습니다. 역설적이지만 사실입니다. 죽게 될 만큼 인생이 흔들렸기에 예수님을 만날 수 있었습니다.

우리도 마찬가지입니다. 현대 의학으로 도저히 풀 수 없는 질병의 문제, 난관에 부딪힌 재정의 문제, 완전히 무너져서 다시 일어날 수 없는 절망의 문제가 우리에게도 있습니다. 그러나 그 문제 때문에 예수님을 만나는 은혜를 입게 됩니다. 흔드심이 있기에 그분 앞에 서게 됩니다. 그러므로 흔드심은 은혜입니다.

죄를 범한 여인을 현장에서 잡아 예수님 앞으로 데려오게 한 힘은 율법이었습니다. 율법은 죄인을 예수님께로 인도하는 법입니다. 죄인이 예수님을 만나면 다시 살게 됩니다. 어떻게 그럴 수 있을까요? 예수 그리스도는 죄인을 만나러 세상에 오신 하나님의 아들, 구세주이시기 때문입니다.

예수님이 여인에게 물으십니다.

여자여 너를 고발하던 그들이 어디 있느냐 너를 정죄한 자가 없느냐_요 8:10

여인이 없다고 하자 예수님은 다시 말씀하십니다.

나도 너를 정죄하지 아니하노니 가서 다시는 죄를 범하지 말라_요 8:11

예수님은 이 여인에게 살길을 열어주셨습니다.

율법은 정죄합니다. 내가 어떤 죄를 지었는지 가르쳐줍니다. 만약 율법이 없다면 간음을 하고도 양심에 조금 가책이 있을 뿐, 내가 죄인인지 모를 것입니다. 이처럼 율법은 우리의 죄를 알게 해주고, 예수님은 죄를 깨달은 우리를 은혜로 구원하십니다. 이것이 하나님의 구원 시스템입니다.

도망칠 때 놓치는 것

이 간음한 여인의 예화를 읽을 때 한 가지 궁금한 것이 있습니다. 간음은 혼자서 저지를 수 없는 죄인데 왜 여기에는 여인 한 사람만 등장할까요? 도대체 그 상대방 남자는 어디로 갔을까요?

아마도 남자는 도망을 친 것 같습니다. 간음 현장에 사람들이 갑자기 들이닥쳐서 여자가 붙잡혔으니 남자도 경황이 없었을 것입니다. 그 와중에도 남자는 사람들에게 잡히지 않고 그 자리를 빠져나갔습니다. 사람들이 생각하기에 이 남자는 운 좋고 똑똑한 사람일지 모릅니다.

우리가 어떤 문제에서 도망갈 때 척척 잘 들어맞는 경우가 있습니다. 요나가 하나님의 명령을 피해 다시스로 도망갈 때의 일을 보면 알 수 있습니다. 그는 하나님의 말씀에 순종하지 않고 하나님이 가라는 곳과는 정반대 방향으로 도망쳤습니다. 그 길에 마침 부두가 있었고 때맞춰 다시스로 가는 배를 만났습니다. 출항 시간도 잘 맞았고 뱃삯을 지불할 돈도 수중에 있었습니다. 모든 일이 딱딱 들어맞아서 요나는 하나님에게서 멀리 도망갈 수 있었습니다.

그러나 결정적인 순간에 하나님이 그 길을 틀어버리십니

다. 하나님은 우리가 요나처럼 불순종하고 도망칠 때 가만히 내버려두시지 않습니다. 결국 하나님께 돌아오게 하십니다. 사람은 피해도 하나님은 피할 수 없는 것이 인생입니다.

예수님은 죄의 현장을 재해석하십니다.

"여인을 보고 음욕을 품으면 이미 간음한 것이다."

"이웃의 소유를 보고 탐심을 품으면 이미 도둑질한 것이다."

"이웃을 미워하는 마음이 있다면 이미 살인한 것이다."

이 말씀대로면 법에 걸리지 않을 사람이 없습니다. "세상에 이런 법이 어디 있느냐?"고 항변할 수도 있습니다. 그러나 이것이 하나님의 법입니다. 하나님은 이 법에 따라 인간을 정의하십니다. 그러므로 인간은 모두 하나님께 불순종한 죄인입니다.

현장에서 잡히지 않고 무사히 도망친 남자는 도망쳤기 때문에 예수님 앞에 나아올 수 없었습니다. 스스로 예수님께 올 일도 없었습니다. 예수 앞에 나오면 자신의 죄를 시인해야 하기 때문입니다. 결국, 그는 예수를 만나지 못했고 구원받지 못했습니다. 자신은 똑똑하고 날쎄게 도망쳤다고 생각했겠지만, 그 때문에 영원히 멸망당하게 된 사실은 미처 알지 못했습니다. 도망친 남자는 흔들릴 기회는 피했는지 모릅니다. 대신 구원의 기회를 놓치고 말았습니다.

우리는 흔드심을 통과할 때 비로소 예수 앞에 나아가 죄를 고백하며 죄 씻음을 받습니다. 이를 통해 주님이 주시는 구원의 감격을 누리게 됩니다.

좌우편의 강도는 모두 '나'다

예수님과 함께 십자가 좌우편에 달렸던 두 강도의 경우를 생각해봅시다(눅 23:32-43). 그들은 예수님이 십자가에서 당하신 일을 다 보았고 그분의 얼굴을 직접 보았으며, 숨소리까지 가장 가까운 곳에서 들었습니다. 또 예수님이 십자가상에서 마지막으로 하신 일곱 가지 말씀도 모두 들었습니다. 그런데도 그중 한 강도는 "네가 그리스도가 아니냐 너와 우리를 구원하라"(눅 23:39)고 예수님을 비난하고 모욕합니다.

자기의 눈에 보이는 대로만 말하는 것을 "상황적인 요인 situation fact만 말한다"고 합니다. 예수님을 비방한 강도는 상황적인 요인만 보았던 사람이었습니다. 그러나 또 다른 강도는 다른 선택을 합니다.

⁴⁰하나는 그 사람을 꾸짖어 이르되 네가 동일한 정죄를 받고 서도 하나님을 두려워하지 아니하느냐 ⁴¹우리는 우리가 행한 일에 상당한 보응을 받는 것이니 이에 당연하거니와 이 사람이 행한 것은 옳지 않은 것이 없느니라 하고 ⁴²이르되 예수여 당신의 나라에 임하실 때에 나를 기억하소서 하니_눅 23:40-42

놀라운 고백입니다. 이 강도는 자신이 여태껏 해본 적도 없고 상상도 못 했던 말을 예수님께 고백합니다. 예수님의 열두 제자들이나 할 것 같은 믿음의 고백입니다. 그의 인생이 바뀌는 순간이었습니다. 예수님은 그에게 구원을 선포하십니다.

오늘 네가 나와 함께 낙원에 있으리라_눅 23:43

자신의 과거를 바꿀 수 있는 사람은 없지만, 미래는 바꿀 수 있습니다. 믿음으로 가능합니다. 십자가에 달린 두 강도처럼 곧 죽을 것 같은 막다른 상황에 있지는 않습니까? 죽을 만큼 인생이 흔들리고 있습니까? 예수님을 선택하고 예수님께 전부를 의탁하십시오. 흔드심에서 벗어나 주님과 함께 낙원에 거하는 구원을 얻게 됩니다.

십자가의 두 강도 이야기는 예수님께서 십자가에 달리시던 2천 년 전의 사건입니다. 하지만 이 이야기를 자세히 들여다보면, 예수님의 양쪽에 있던 두 강도는 모두 다 나의 모습인 것을 깨닫게 됩니다. 지금도 내 안에는 좌편의 강도와 우편의 강도가 모두 시퍼렇게 살아 있습니다.

흔들리는 인생의 또 다른 모습

저는 모태신앙으로 자라서 어려서부터 예수를 믿었지만, 하나님 앞에 대든 적이 많았습니다. 힘들 때는 하나님께 불평과 불만을 늘어놓기도 했습니다.

"하나님, 하나님은 제가 섬기는 분이고, 또 저를 사랑하는 분이시지 않습니까? 그렇다면 이 문제를 좀 해결해주세요. 상황이 이렇게 엉망진창인데 왜 저를 그냥 내버려두십니까? 하나님이 살아 계신다면 언제까지 제가 이렇게 살아야 합니까? 사람들이 저에게 예수 잘 믿는다면서도 꼴이 이게 뭐냐고 조롱합니다."

한편으로는 제 속의 다른 강도가 다시 믿음을 끌어내기도 합니다.

"주여, 제가 비록 세상에서 이처럼 보잘것없지만, 이 고난과 역경에 흔들리지 않고 주님과 함께하며, 주님의 날에 주님 곁에 있게 해주십시오."

내 안의 두 강도가 언제나 이렇게 엎치락뒤치락 목소리를 냅니다.

예수님의 제자 중에는 십자가에 거꾸로 매달려 죽기까지 순종한 베드로도 있었지만, 자기 생각에 매여 예수님을 팔아 먹은 가룟 유다도 있었습니다. 이스라엘 왕 중에는 하나님의 말씀에 불순종한 사울 왕도 있었고, 끝까지 약속의 말씀을 붙잡고 하나님을 찬양한 다윗 왕도 있었습니다. 이들은 당시 실존한 두 종류의 인물이었습니다.

지금 내 안에도 베드로와 가룟 유다가 있고, 사울과 다윗이 있습니다. 현장에서 간음하다가 잡혀 온 여인도 사실은 '나'이며, 무사히 도망간 똑똑한 남자도 '나'입니다. 나는 하나님께 붙잡혀 왔지만, 하나님에게서 도망가고 싶은 마음도 있습니다. 이것이 흔들리는 우리 인생의 모습입니다.

하나님의 구원 시스템

06

죄인은 반드시 죗값을 치러야만 합니다. 이것이 하나님의 법이고 율법의 요구입니다. 율법은 우리에게 "죽을 죄를 지었다면 너의 피, 곧 너의 목숨을 내놓아라. 아니면 그 값을 대신할 어떤 이의 피를 내놓아라"라고 요구합니다.

누가 날 대신해서 목숨을 내놓을 수 있을까요? 부모님, 친구, 자녀일까요? 어떤 부모는 자식을 사랑하는 마음에 대신 목숨을 내어줄지도 모릅니다. 그러나 아무리 자식을 사랑하는 부모라도 그의 죗값을 대신 치러줄 수는 없습니다. 인간은 누구도 예외 없이 죄인이기 때문입니다. 자기도 죄인인데 어떻게 다른 죄인을 위해 대신 죽겠습니까? 이 세상의 어떤 사람도 누구를 대신하여 죽을 수 없습니다. 인간은 각각 자신의 죗값으로 죽습니다.

내 죄를 누가 대신 갚을까?

그렇다면 나를 지켜주는 천사는 어떻습니까? 그들은 죄가 없으니 나를 대신해서 죽어줄 수 있지 않을까요?

천사에게는 피를 흘릴 육체가 없습니다. 죗값을 치르려면 피를 흘려 죽을 육체가 있어야 가능합니다. 그러니 아무리 죄

없는 천사라도 인간을 대신해서 죽을 수는 없습니다. 죄가 없는 존재로서 우리 죗값을 갚아주실 수 있는 유일한 분은 하나님뿐입니다.

하나님은 영이시며, 또한 말씀이십니다.

하나님은 영이시니 예배하는 자가 영과 진리로 예배할지니라_
요4:24

태초에 말씀이 계시니라 이 말씀이 하나님과 함께 계셨으니
이 말씀은 곧 하나님이시니라_요 1:1

영이며 말씀이신 하나님 역시 육신이 아니시기에 피를 흘려주실 수가 없습니다. 그래서 하나님은 우리 대신 피를 흘려주시려고 육체를 입고 직접 세상에 오셨습니다. 그분이 바로 예수 그리스도이십니다.

말씀이 육신이 되어 우리 가운데 거하시매 우리가 그의 영광을 보니 아버지의 독생자의 영광이요 은혜와 진리가 충만하더라_요1:14

이 대목에서 우리는 한 가지 의문을 가질 수 있습니다. "인간은 모두 죄인이라고 했는데, 인간의 몸을 입고 여인에게서 태어난 예수님도 죄인이 아닌가?" 하는 의문입니다.

예수님은 여인의 몸에서 태어나셨지만, 성령으로 잉태되신 분입니다. 인간의 몸을 입으셨지만, 죄가 없으신 이유가 여기에 있습니다. 이 사실은 논리와 이성으로는 받아들일 수가 없습니다. 영으로 듣는 사람만 깨닫고 믿을 수 있기에 오직 은혜로만 받아들일 수 있습니다.

사람의 생각으로 하나님의 생각을 다 알 수는 없습니다. 우리가 하나님의 생각을 알려면 먼저 하나님처럼 생각하는 방법을 알아야 합니다.

하나님처럼 생각할 수 있다면

《천재들의 생각법》이라는 책에 이런 문구가 있습니다.

"모두가 천재일 수는 없다. 그러나 천재처럼 생각할 수는 있다."

이 책에는 아인슈타인의 일화가 소개됩니다. 아인슈타인은 취리히에서 신혼생활을 했습니다. 그의 아내는 해산한 지

얼마 되지 않아 침대에 누워 있었고, 첫째 아들 한스는 놀아 달라고 옆에서 계속 보채는 중이었습니다.

아인슈타인은 어떤 한 가지 생각에 빠지면 옆에서 무슨 일이 일어나는지도 모르고 몰두했습니다. 그의 방 안에는 온갖 연구에 사용된 메모장들이 가득 차 있었습니다. 한참을 연구하던 그는 생각이 꽉 막혀 도무지 풀리지를 않았습니다. 그러자 그는 바이올린을 찾아들고서 연주하기 시작합니다.

아인슈타인은 유대인입니다. 유대인은 자녀가 악기 하나씩은 연주할 수 있도록 어릴 때부터 교육합니다. 살아가는 동안 하나님을 찬송하는 것이 일상이 되어야 하기 때문입니다. 아인슈타인은 피아노 연주도 잘했지만, 바이올린 연주자로도 유명합니다. 그는 물리학자일 뿐 아니라 음악에도 정통한 사람이었습니다. 제가 대학원에서 공부했던 《음악 미학》이라는 전공서적도 아인슈타인이 저술한 책이었습니다.

"모든 사람은 언어를 통해서 생각한다. 그러나 아인슈타인은 언어 없는 사고를 한다"는 말이 있습니다. 그는 음악을 통해서 물리학에 사용되는 복잡한 계산법에 접근한 사람입니다. 물리학자 중에는 아인슈타인처럼 알고리즘 계산법으로 연구한 사람들이 많았습니다. 하지만 아인슈타인과 같은 탁월한 연구 결과를 도출해내지는 못했습니다. 똑같은 자료와 계산법을 가지고 연구했지만, 마지막 도약을 하지 못했기 때문입니다.

마지막 도약은 인간의 사고에서 나오지 않습니다. 한순간의 번뜩이는 직관에서 나옵니다. 아인슈타인은 음악을 통해서 그 마지막 직관을 잡아내는 사고법을 가지고 있었던 사람입니다.

우리는 아인슈타인과 같은 천재는 아니지만, 아인슈타인처럼 생각해볼 수는 있습니다. 마찬가지로, 우리는 하나님이 아니지만, 하나님처럼 생각해볼 수는 있습니다. 하나님의 사고방식과 하나님의 마음을 가지고 사는 사람이 그리스도인입니다. 하나님은 우리가 그렇게 살 수 있도록 하나님의 시스템을 가르쳐주셨습니다.

"내가 너희를 사랑한다. 내가 너희를 건져내고 내 안에 초청하겠다. 지금은 고통과 고난이 있는 세상에서 살지만, 앞으로는 나와 함께 영원한 천국에서 살게 될 것이다. 그곳에서 너희 믿음에 따라 열 고을, 다섯 고을을 다스릴 권세도 얻을 것이다."

하나님은 이외에도 셀 수 없이 많은 약속의 말씀을 주셨습니다. 인생이 흔들릴 때 우뚝 설 수 있는 비결은 하나님의 약속과 시스템을 이해하는 것입니다.

죄인을 만나러 오신 예수님

하나님이 우리에게 확실하게 가르쳐주신 하나님의 시스템이 있습니다. 율법과 은혜입니다. 율법은 정죄하는 법이요, 은혜는 구원하는 법입니다. 유대인은 율법을 구원의 법으로 오해했습니다. 율법을 잘 지키면 구원받는다고 믿고 열심히 율법을 지켰습니다.

만약 인간이 행위로 구원받는다면 예수 그리스도는 필요 없습니다. 인간의 노력과 지혜로 구원의 길을 찾을 수 있으니까요. 하나님이신 예수께서 이 세상에 오신 이유는 인간의 어떤 행위로도 구원받을 수 없기 때문입니다. 인간은 하나님의 은혜로만 구원받습니다. 하나님의 은혜로 자신이 죄인임을 고백하고 예수님을 믿을 때 구원받습니다.

하나님은 율법을 통해 내가 죄인임을 가르쳐주십니다. 고통과 슬픔, 질병과 재난이 왜 우리에게 일어나는지 정확하게 말씀해주십니다. 이 모든 일은 우리의 '죄' 때문입니다. 누구도 이 죗값을 피해갈 수 없습니다.

구원은 오직 예수님을 통해서만 이루어집니다. 우리가 예수님을 만나려면 먼저 내가 죄인임을 깨달아야 합니다. 내가 죄인이기에 예수님을 만날 수 있고, 구원을 얻어 하나님의 자녀가 되는 은혜를 누리게 됩니다.

예수님은 죄인을 만나러 오신 분이기 때문에 죄인을 다루시는 데 전문가입니다. 죄인인 나를 고치시는 주치의이며, 구원하시는 하나님입니다.

예수님의 은혜 아니면

예수님은 율법을 완전하게 하려고 오셨습니다.

> 내가 율법이나 선지자를 폐하러 온 줄로 생각하지 말라 폐하러 온 것이 아니요 완전하게 하려 함이라_마 5:17

율법의 요구를 완전히 충족하신 분이 예수 그리스도입니다. 주님은 자신을 완전히 내어주시는 방법으로 율법의 요구를 다 이루셨습니다. 죄에 묶여 있던 우리를 풀어주시고 질병 대신 건강을, 고통 대신 희락을, 답답함 대신 형통함을 얻게 하셨습니다. 이 일을 이루시려고 주님은 십자가에서 물과 피를 다 쏟으셨습니다. 모든 모욕을 참으시고 인간이 느낄 수 있는 모든 고통을 다 받으셨으며, 마침내 십자가에 달려 죽으셨습니다. 예수님은 온 세상의 인간이 받아야 할 모든 고난을 홀로 담당하셨습니다.

혹시 우리는 기도에 응답해주시며 마음의 평안과 형통함을 주시는 주님의 은혜를 당연하게 여기고 있지는 않습니까? 우리가 인생의 흔들림 속에서도 버틸 수 있는 까닭은 죽기까지 우리를 사랑하신 예수님의 큰 사랑 때문입니다. 그 사랑과 은혜 없이는 누구도 살 수 없습니다. 지금 우리가 누리는 모든 것이 예수님의 대속의 은혜임을 잊지 말고 감사해야 합니다.

눈물을 제한하지 말라

07

음악을 들다 보면 음악적으로 뛰어나지는 않지만 유독 진하게 가슴을 울리는 곡이 있습니다. 반면 이론상으로 훌륭한 곡이지만 사람의 마음에 감동을 주지 못하는 곡도 있습니다. 왜 그럴까요? 그 곡에 흐르는 한恨과 눈물이 있는가, 없는가의 차이입니다.

똑같은 노래를 불러도 인생의 희로애락을 겪은 사람이 부르는 노래와 고난이라고는 한 번도 겪어보지 못한 사람이 부르는 노래에는 큰 차이가 있습니다. 가수 자신이 경험한 감정이 그의 노래에 녹아들어서 표현되기 때문입니다.

며느리밥풀꽃의 전설

한국인의 한恨의 정서를 잘 나타낸 전설이 있습니다. 옛날 어느 산골 마을에 효성이 지극한 아들과 어머니가 살고 있었습니다. 어느덧 아들이 자라서 한 처녀와 백년가약을 맺게 되었습니다. 이 며느리는 아들보다 효성이 더 지극했습니다. 며느리가 시집온 지 얼마 안 되었을 때, 신랑이 산 너머 마을로 머슴살이를 떠나게 되었습니다. 집에는 착한 며느리와 시어머니만 살게 되었습니다.

그런데 아들이 떠나자 시어머니가 며느리를 괴롭히기 시작했습니다. 며느리가 빨래터에 가서 빨래를 해오면 "그동안 어디서 뭘 하다가 이제야 왔느냐?"며 다그쳤습니다. 깨끗이 빨아 온 빨래를 마당에 내동댕이치고 발로 밟으며 며느리를 구박했습니다.

착한 며느리는 군소리 한마디 하지 않았습니다. 시어머니가 심술을 부리며 호통을 치면 싹싹 빌고 다시 열심히 일했습니다. 시어머니의 심술은 날로 더해가서 심지어 며느리를 죽일 궁리까지 하게 되었습니다.

어느 날 며느리는 평소대로 저녁밥을 짓고 있었습니다. 밥이 다 되어갈 무렵 뜸이 잘 들었는지 확인하려고 솥뚜껑을 열고 밥알을 몇 개 씹어보았습니다. 방에 있던 시어머니는 솥뚜껑 여는 소리를 듣고 이때다 싶어 버선발로 뛰어나왔습니다. 그러고는 "어른이 먹기도 전에 먼저 밥을 먹느냐?"며 다짜고짜 며느리를 때렸습니다.

며느리는 시어머니에게 맞다가 그만 돌부리에 머리를 부딪쳐서 밥알을 입에 문 채 죽고 말았습니다. 소식을 들은 아들은 단숨에 달려와 통곡했습니다. 불쌍한 색시를 마을 앞 솔밭이 우거진 곳에 고이 묻어 주었습니다.

얼마 후 며느리의 무덤가에는 하얀 밥알을 입에 물고 있는 듯한 모양의 빨간 꽃이 피었습니다. 사람들은 한 많은 며느리가 무덤가에 꽃으로 피어난 것이라고 여겼습니다. 그래서 그 꽃을 며느리밥풀꽃이라고 부르게 되었습니다.

한국인의 독특한 정서

한국인에게 '통곡'이라는 단어는 한恨과 야속함을 나타냅니다. 소설 《별들의 고향》을 쓴 작가로 유명한 최인호 씨의 수필집 《사랑아 나는 통곡한다》의 서문에는 이런 내용이 있습니다. 자신의 인생을 빗대어 쓴 글인데 참 인상적입니다.

나는 통곡하며 살고 싶다.
나는 대충대충, 생활도 대충대충, 만남도 대충대충,
일도 대충대충, 그렇게 살고 싶지 않다.
나는 모든 일에 통곡하는 그런 열정을 지니고 살고 싶다.
어찌 사랑뿐이겠는가. 나는 친구도 통곡하고 사귀고 싶고,
꽃 한 송이도 통곡하며 보고 싶다.
내 아들 딸들의 통곡하는 아버지이고 싶고,
아내와도 늙어 죽을 때까지 통곡하며 살고 싶다.

흔들릴 때 버려야 할 것

하느님도 통곡하며 믿고 싶고, 죄도 통곡하며 짓고 싶다.

한국인이 전통적으로 애호해온 술은 청주와 탁주입니다. 둘다 쌀로 빚는 것이지만, 서민들은 특히 탁주를 좋아합니다. 또한, 한국인의 소리에는 청성淸聲과 탁성濁聲이 있습니다. 한국인은 서양의 발성처럼 소리가 곧게 나오는 청성보다 판소리의 탁성을 좋아합니다. 그래서 제대로 된 탁성이 나오면 득음得音했다고 합니다.

한국의 미술을 볼까요? 한국 미술의 기본은 붓글씨입니다. 처음 쓸 때는 악필惡筆일 수밖에 없습니다. 그런데 악필을 거듭하여 연습하다 보면 임계점을 넘어갈 때 순필順筆이 나옵니다. 그러다가 도통했다고 하는 순간, 순필을 지나 다시 악필이 나오는데 이때는 처음의 그 악필이 아닙니다. 이것을 그 사람만의 독특한 서체라고 부릅니다.

추사 김정희의 글씨를 보면 이 과정을 확연히 알 수 있습니다. 그가 제주도 유배 시절에 그렸던 '세한도'를 보면 초기의 반듯한 글씨체가 나타납니다. 그 후 그의 독특한 서체인 '추사체'를 거쳐서 마지막에는 '동자童子체'라는 글씨체가 등장합니다. 동자체는 말 그대로 아이들이 낙서하듯 휘갈겨 쓴 악필처럼 보입니다. 그러나 이 글씨는 김정희의 모든 것이 담겨서 완성된 탁함의 결과입니다.

백의민족의 한과 애통의 은혜

한국인의 패션 세계도 특이합니다. 조선이 개항을 시작한 시기에 프랑스의 〈르몽드〉 지에는 다음과 같은 기사가 실렸습니다.

"한국인들은 얼굴도 손도 잘 씻지 않는다. 그렇게 깨끗하지도 않은 민족이 유독 흰옷을 즐겨 입는다. 밭일, 논일, 농사일에 바쁜 여자들이 아이들을 돌보기도 바빠서 매일 빨랫감은 넘쳐나는데도 왜 이렇게 흰색을 좋아하는지 알 수가 없다."

이처럼 한국은 흰옷을 즐겨 입던 '백의민족'이었습니다. 한국의 치욕스러운 역사인 일제강점기 때 일본이 금지한 일 중 하나가 흰옷을 입는 것이었습니다. 흰옷은 한국인에게 민족의식의 상징이었기 때문에 일제에 저항하는 행동으로 여겼습니다. 그래서 그 후에는 회색 옷을 많이 입게 되었다고 합니다.

이순신 장군이 두 번이나 백의종군한 사건은 유명한 일화입니다. '백의종군'이란 흰옷을 입고 평민으로서 전쟁에 참전한다는 뜻입니다. 이순신 장군은 여진족의 침입을 미리 알지 못했다는 이유로 삭관탈직削官奪職을 당했지만, 평민 신세가 되었어도 흰옷을 입고 전쟁에 나가 싸웠습니다.

이러한 한국의 흰옷을 한마디로 표현하면 '한'限입니다. 다른 나라의 민족성에는 '원'怨이 있습니다. 원에는 복수한다는 의식이 강합니다. 그러나 한국인의 한에는 마음의 응어리는 있지만, 복수의 개념은 없습니다.

한국 여인들이 가지고 다녔던 은장도는 자기를 방어하기 위한 도구입니다. 자신의 치욕을 스스로 감당한다는 의미가 담겨있습니다.

한이 많은 사람은 눈물이 많습니다. 가슴이 저미고 아프지만 하소연할 곳이 없어서 그저 우는 것입니다.

그리스도인은 하나님 앞에서 울며 마음속에 있는 한을 털어놓는 사람입니다. 사람 앞에서 한을 털어놓으면 잠시 위안을 얻을 수는 있지만, 인생이 풀어지는 경험은 하지 못합니다. 인생의 문제가 풀리도록 역사하시는 분은 오직 하나님이십니다.

눈물이 많은 자를 하나님은 '애통하는 자'라고 하십니다. 하나님은 이러한 사람의 인생을 반드시 풀어주십니다. 애통하지 않는 자는 하나님의 위로를 받을 수가 없습니다. 그러나 그리스도인으로서 눈물이 있는 사람에게는 하나님의 은혜가 있습니다.

애통하는 자는 복이 있나니 그들이 위로를 받을 것임이요_마 5:4

믿는 자들의 눈물

구약성경에서 다윗과 비교되는 인물은 이스라엘 초대 왕인 사울입니다. 사울은 잘못을 잘 뉘우치는 사람이었지만 그저 뉘우침에 그칠 뿐이었습니다. 한 걸음 더 나아가 하나님 앞에 회개하지 않았습니다.

하나님 앞에서 죄의 경중을 따지는 일은 그리 중요하지 않습니다. 하나님의 저울에서 누구의 죄가 더 무거운지 우리는 알 수 없습니다. 죄의 경중은 사람이 보는 관점입니다. 하나님이 보시는 것은 눈물입니다.

죄의 경중으로 따지면 다윗은 이루 말할 수 없는 큰 죄를 지은 사람입니다. 왕이라는 지위를 이용해서 무고하고 충성스러운 부하를 살해했고, 그것도 모자라 그의 아내를 빼앗아 간음하는 죄까지 저질렀습니다. 그러나 다윗은 자기 죄를 깨달았을 때 눈물로 침상을 적시며 밤새워 회개했습니다.

내가 탄식함으로 피곤하여 밤마다 눈물로 내 침상을 띄우며
내 요를 적시나이다_시 6:6

하나님은 이러한 다윗에 대해 "내 마음에 맞는 사람"이라
고 말씀하십니다.

폐하시고 다윗을 왕으로 세우시고 증언하여 이르시되 내가 이
새의 아들 다윗을 만나니 내 마음에 맞는 사람이라 내 뜻을 다
이루리라 하시더니_행 13:22

성경의 인물 중 하나님의 마음에 맞는 사람이라고 칭찬받
은 사람은 다윗이 유일합니다. 하나님은 다윗을 '나의 종'이라
고 부르셨습니다. 다윗이 이처럼 하나님의 칭찬과 사랑을 받
은 이유 중 하나는 그에게 회개의 눈물이 있었기 때문입니다.
눈물에 대한 예화가 있습니다. 어느 날 하나님께서 천사
들에게 지상에 내려가서 가장 소중한 것을 구해 오라고 하십
니다.
천사들은 지상으로 내려와 각자 소중하다고 여기는 것을
가지고 돌아왔습니다. 다이아몬드를 가져온 천사도 있고, 꽃
을 가져온 천사도 있었습니다.

그중의 한 천사는 액체가 담긴 작은 병 하나를 가져왔습니다. 하나님이 그 천사에게 물으셨습니다.

"그것이 무엇이냐?"

"이것은 믿는 자들의 눈물입니다."

하나님은 이 천사가 가지고 온 것을 가장 소중하게 여기셨다는 이야기입니다.

하나님은 믿는 자의 눈물을 귀하게 보십니다.

하늘 보좌를 움직이는 눈물

이스라엘 왕 중의 한 사람이었던 히스기야가 어느 날 병이 들었는데, 곧 죽게 된다는 선지자의 예언을 듣습니다. 선지자가 전한 하나님의 말씀이니 분명히 이루어질 일입니다. 그러나 히스기야는 포기하지 않고 벽을 향해 앉아 통곡하며 간절히 기도합니다. 그의 눈물을 보신 하나님은 그의 생명을 15년이나 연장해주십니다.

²히스기야가 얼굴을 벽으로 향하고 여호와께 기도하여 ³이르되 여호와여 구하오니 내가 주 앞에서 진실과 전심으로 행하

흔들릴 때 버려야 할 것

며 주의 목전에서 선하게 행한 것을 기억하옵소서 하고 히스
기야가 심히 통곡하니 ⁴이에 여호와의 말씀이 이사야에게 임
하여 이르시되 ⁵너는 가서 히스기야에게 이르기를 네 조상 다
윗의 하나님 여호와께서 이같이 말씀하시기를 내가 네 기도
를 들었고 네 눈물을 보았노라 내가 네 수한에 십오 년을 더하
고_사 38:2-5

하나님은 히스기야의 기도를 들으시고 그의 눈물을 보셨
습니다. 하나님은 우리가 기도할 때 천사들을 통해서 보고만
받으시는 분이 아닙니다. 내 눈물을 보고 그 눈물의 양까지
측량하시는 분입니다.

눈물은 영혼의 샘과 같습니다. 영혼의 샘이 터질 때 가장
순수하게 나타나는 현상이 눈물입니다. 그래서 사람들은 상
대방의 눈물을 통해 진정성이 있는지 없는지를 판단하곤 합
니다. 하나님도 기도할 때 우리가 흘리는 눈물로 그 기도의
진정성을 보십니다. 진실한 눈물의 기도는 하나님의 보좌를
움직입니다.

같은 시대에 살았지만 각기 다른 장소에서 하나님의 보
좌를 움직였던 세 명의 선지자가 있습니다. 예루살렘에 있던
예레미야, 포로로 잡혀가 바벨론 강가에 있던 에스겔, 바벨

론 왕궁에 있던 다니엘입니다. 이들은 모두 하나님 앞에 애통하는 눈물의 기도를 드렸던 사람입니다.

예레미야는 패망한 조국 이스라엘의 참담한 현실과 불순종하는 이스라엘 백성을 보며 통곡의 기도를 드렸던 선지자였습니다. 그는 '눈물의 선지자'라고 불릴 만큼 수없이 많은 눈물의 기도를 드렸던 사람입니다.

에스겔은 포로로 끌려간 바벨론 강가에서 이스라엘 민족에게 하나님의 심판을 예언하고 경고했던 선지자입니다. 그는 온갖 고난과 핍박을 당하고 갑자기 사랑하는 아내까지 잃는 슬픔을 겪었지만, 하나님이 보여주신 환상과 예언을 담대하게 선포했습니다.

다니엘은 포로 신분으로 바벨론 왕궁의 높은 자리에 오르게 된 사람입니다. 그만큼 그를 시기하는 자들의 공격과 모함으로 여러 번 죽을 고비를 겪기도 합니다. 하지만 하루 세 번씩 날마다 기도하는 가운데 이 모든 일을 이겨냈던 사람이었습니다.

하나님은 이들의 애통하는 기도를 들으시고 응답해주셨습니다. 그들에게 하나님의 계시를 보여주시고 마침내 이스라엘을 회복시켜주셨습니다.

마르지 않는 은혜의 강

하나님은 때로 그가 선택하신 특별한 인생을 코너로 몰아넣으시고 사람이 손 쓸 수 없게 하십니다. 이러한 하나님의 흔드심은 그 인생을 사용하시려는 하나님의 계획입니다. 이럴 때 하나님이 원하시는 것은 우리의 눈물입니다.

하나님을 믿는 사람은 눈물을 먹고 사는 사람입니다.

사람들이 종일 내게 하는 말이 네 하나님이 어디 있느뇨 하오니 내 눈물이 주야로 내 음식이 되었도다_시 42:3

우리의 신앙생활에서 눈물이 메말랐다면 은혜가 메말랐다는 증거입니다.

모든 것이 다 있는데 은혜가 없습니까? 아니면, 모든 것이 다 없는데 은혜가 있습니까? 그리스도인은 '모든 것'과 '은혜' 중에 무엇이 필요한지 선택해야 합니다. 인생에 마르지 않는 은혜의 강이 흐르는 사람에게 하나님은 재 대신 화관을, 슬픔 대신 기쁨을, 근심 대신 찬송의 옷을 입혀주십니다.

무릇 시온에서 슬퍼하는 자에게 화관을 주어 그 재를 대신하며 기쁨의 기름으로 그 슬픔을 대신하며 찬송의 옷으로 그 근심을 대신하시고 그들이 의의 나무 곧 여호와께서 심으신 그 영광을 나타낼 자라 일컬음을 받게 하려 하심이라_사 61:3

하나님 앞에서 울라

그리스도인은 실패 때문에 한숨지을 필요가 없습니다. 배신 때문에 복수를 계획할 필요가 없습니다. 죽게 되었을 때도 자포자기할 필요가 없습니다. 그저 모든 순간에 하나님 앞에서 우는 사람이 되십시오. 그리스도인으로서 흘린 눈물이 강이 되고 바다를 이룰 때, 그에게 '은혜의 강'이 흐를 것입니다. 이런 사람을 하나님은 반드시 풀어주십니다.

살다가 어떤 사건 때문에 삶이 흔들리고 눈물 흘리게 되었습니까? 하나님은 그 사건보다 내가 흘린 눈물에 더 관심이 있습니다. 하나님의 위로는 치료와 회복입니다. 하나님 앞에서 눈물을 제한하지 말고 많이 우십시오.

그리스도의 십자가 앞에서 마지막으로 울어본 때가 언제입니까? 이것이 오늘 하나님이 우리를 흔드시며 던지는 질문입니다.

흔드심이 남긴 눈물의 흔적

 08

로마 황제 테오도시우스Flavius Theodosius 1세 때의 일입니다. 그는 자신의 양자에게 데살로니가의 총독 직책을 주어 다스리게 합니다.

이 총독은 포악한 사람이었습니다. 그는 백성을 가혹하게 대하며 학대했습니다. 견디지 못한 데살로니가 귀족들은 반란을 일으키고 총독을 살해해버립니다. 그러자 격분한 테오도시우스 황제는 군대를 보내 데살로니가의 귀족을 비롯한 수많은 사람을 학살했습니다.

누가 겸손한 사람인가?

이 일이 있고 난 뒤 테오도시우스 황제가 밀라노 성당에 기도하러 들어가는데 그 성당의 한 교부가 황제를 막아섭니다. 성 암브로스Ambrose라는 서방 교회의 교부였습니다. 그는 황제가 살인죄를 지은 죄인이기에 성당에 들어갈 수 없다고 주장합니다. 그러자 황제는 이렇게 반박합니다.

"다윗도 죄인이었소."

암브로스는 조금도 물러나지 않고 대답합니다.

"황제께서 다윗 같은 왕이 되길 원하십니까? 그렇다면 다윗처럼 회개하며 우십시오."

이 말을 들은 황제는 깨닫는 바가 있어서 말에서 내려와 그 자리에 멍석을 깔고 무려 6개월 동안 하나님 앞에서 애통했습니다. 암브로스는 세계 최초로 황제를 무릎 꿇리고 하나님 앞에 회개하게 한 사제로 이름을 남기게 되었습니다.

겸손한 사람은 어떤 사람일까요? 어떤 사람이 겸손한 사람인지 우리가 다 알 수는 없지만, 조금 엿볼 방법은 있습니다. 겸손한 사람은 하나님 앞에서 우는 사람입니다. 우리는 하나님 앞에서 많이 우는 사람이 되어야 합니다.

울면 하나님이 정리하신다

제 아버님이 평생 마음의 한으로 품고 있는 사연이 있습니다. 6·25 한국전쟁 당시의 일입니다. 그때 저희 아버님은 서울 강북에 살고 계셨습니다. 전쟁이 터졌다는 발표가 나고 사흘이 되자 미아리까지 인민군이 쳐들어 왔습니다. 아버님의 가족도 얼른 강을 건너 강남으로 내려오려는데 그만 한강철교가 끊어져 버리고 말았습니다. 피난민들 사이에서 밀리고 쓸리던 아버님 가족은 날이 저물어 한남동 선창에 숨어들게 되었습니다.

밤이 되자 남산 쪽에서는 인민군이 따발총을 쏘아대고, 다리가 끊어진 강남 쪽에서는 국군이 총을 쏘아댔습니다. 그 사이에 숨어있는 사람들은 언제 죽을지도 모르는 공포에 시달리며 뜬눈으로 밤을 새워야만 했습니다. 아직 초등학생이던 아버님은 무서워서 하나님께 살려달라고 밤새 울며 기도했습니다. 하나님은 그러한 제 아버님을 건져주셨고, 무사히 남하해서 부산까지 피난을 가게 되었습니다.

부산에 온 어느 날 밤, 아버님의 귀에 이런 노래가 들려왔습니다.

"고요한 밤, 거룩한 밤…."

어느덧 크리스마스가 된 것입니다. 아버님이 자신의 처지를 생각해 보니 나이 어린 피난민 신세에 도와줄 사람 하나 없는 부산에 와 있습니다. 더는 공부도 할 수 없었습니다. '이러다가는 다시 서울에 돌아가더라도 서울역 껌팔이밖에 안 되겠구나' 싶은 생각이 들었습니다. 그래서 다시 하나님께 울며 기도했습니다.

"하나님, 제가 공부할 수 있는 길을 열어주세요. 저의 미래를 하나님께서 인도해주세요."

하나님은 이번에도 그 눈물의 기도를 들어주셨고 공부할

흔들릴 때 버려야 할 것

수 있는 길을 열어주셨습니다.

그 후 세월이 흘러 아버님이 서울대학교 음대 교수가 되었을 때였습니다. 모든 것이 잘되고 아무 걱정이 없다고 할 그때, 덜컥 후두암에 걸리고 말았습니다. 아버님 마음에 가장 먼저 떠오른 것은, 어렸을 때 울며 기도했던 자신을 살려주시고 길을 열어주셨던 하나님이었습니다. 아버님은 다시한 번 하나님께 목숨을 걸고 울면서 기도했습니다. 이번에도하나님은 눈물의 기도를 들으시고, 후두암을 흔적도 없이 깨끗하게 고쳐 주셨습니다. 할렐루야!

아버님은 이 이야기를 들려주시며, 어린 저에게 한 가지교훈을 주셨습니다.

"헤어나올 수 없는 절망의 구렁텅이에 빠져들었을 때는하나님 앞에서 울어라."

"울면 어떻게 되는데요?"

제가 묻자, 아버님은 이렇게 대답하셨습니다.

"울면, 하나님이 정리하신다."

울고 회개하면 하나님이 꼬인 인생을 다 정리해주십니다. 하나님이 한번 정리해주시면, 동일한 문제는 그 인생에다시 파고들지 못합니다. 하나님의 정리와 치료는 완치입니다. 저희 아버님은 완치 받았습니다. 하나님이 정리해주신 인생은 다시 수치를 당하지 않는다고 하나님은 약속하셨습니다.

또 왕들 앞에서 주의 교훈들을 말할 때에 수치를 당하지 아니하겠사오며_시 119:46

한을 영적으로 풀라

오래전 저의 인생에 상상할 수도 없던 큰일이 벌어졌던 적이 있습니다. 제 인생은 마치 폭풍을 만난 듯이 심하게 흔들렸습니다. 요제 같은 흔드심이었습니다. 그 일은 제 인생의 한이 되었습니다. 저는 그 한 때문에 하나님 앞에서 애통하며 많이 울었습니다.

사람이 너무 서러우면 눈물이 수돗물을 틀어놓은 것처럼 콸콸 쏟아집니다. 저는 그 고통스러운 순간에 "하나님, 저를 살려 주세요" 하면서 그저 울 수밖에 없었습니다. 하나님은 그 눈물을 보시고 저를 지옥 같은 밑바닥에서 건져주시며 회복시켜주셨습니다. 이처럼 인생의 한이 영적으로 반응되어 하나님 앞에서 흘리는 눈물이 된다면, 그는 반드시 회복됩니

흔들릴 때 버려야 할 것

다. 흔드심 후에 오는 풀림의 은혜를 맛보게 됩니다.

성경에는 인생이 흔들릴 때 통곡의 기도로 하나님의 응답을 성취한 사람이 많이 있습니다. 사무엘상 1장을 보면, 한나가 성전에서 기도할 때 미친 여자처럼 보일 정도로 통곡하며 기도했다고 기록합니다. 한나는 아들을 낳지 못한 한이 뼈에 사무칠 만큼 깊었습니다.

아무리 깊은 한이 있어도 그저 가슴에만 품고 있으면 조금도 달라지지 않습니다. 만약 한나가 한을 품고만 있었다면 그의 인생에 사무엘은 없었을 것입니다. 한나가 마음속의 한을 하나님 앞에 눈물로 풀어냈기에 하나님은 사무엘을 주셨습니다. 이 사무엘은 훗날 다윗에게 기름 부어 왕으로 세우는 선지자가 됩니다.

성경의 인물 중 한 많은 인생을 꼽으라면 단연 요셉을 들 수 있습니다. 그는 어린 시절 부모님께 특별한 사랑을 받고 자랐지만, 그 때문에 형들의 미움을 받아 애굽에 노예로 팔려갑니다. 그뿐만이 아닙니다. 애굽에서도 억울한 누명을 쓰고 감옥에 갇히는 신세가 됩니다.

이후에 하나님이 그의 인생을 풀어주셔서 애굽의 총리가 되었지만, 그의 마음속에는 여전히 풀어지지 않은 응어리가 있었습니다. 사랑하는 부모님과 헤어져서 지금까지 만나지 못하고 있었기 때문입니다.

요셉의 한이 절정에 달했을 때는 그가 형제들을 다시 만나게 된 순간이었습니다. 오랫동안 헤어졌던 동생 베냐민까지 만나게 되니 이제껏 마음속에 눌러왔던 한이 눈물이 되어 터져 나옵니다. 그는 결국 형제들에게 자신의 정체를 밝힙니다.

형들은 죽은 줄만 알았던 동생 요셉이 애굽의 총리가 되어 천하를 호령하는 모습을 보고 충격과 두려움에 휩싸였습니다. 요셉은 그러한 형들에게 하나님이 회복하신 일을 말하며 한을 풀어냅니다.

[4]요셉이 형들에게 이르되 내게로 가까이 오소서 그들이 가까이 가니 이르되 나는 당신들의 아우 요셉이니 당신들이 애굽에 판 자라 [5]당신들이 나를 이곳에 팔았다고 해서 근심하지 마소서 한탄하지 마소서 하나님이 생명을 구원하시려고 나를 당신들보다 먼저 보내셨나이다 [6]이 땅에 이 년 동안 흉년이 들었으나 아직 오 년은 밭갈이도 못하고 추수도 못할지라 [7]하나님이 큰 구원으로 당신들의 생명을 보존하고 당신들의 후손을 세상에 두시려고 나를 당신들보다 먼저 보내셨나니 [8]그런즉 나를 이리로 보낸 이는 당신들이 아니요 하나님이시라 하나님이 나를 바로에게 아버지로 삼으시고 그 온 집의 주로 삼으시

며 애굽 온 땅의 통치자로 삼으셨나이다_창 45:4-8

요나서에도 눈물의 기도에 응답하시는 하나님이 잘 나타나있습니다. 요나는 하나님의 말씀에 불순종하다가 물고기 뱃속에서 처절한 3일을 보냅니다. 전도자로 하나님께 부름 받은 자가 불순종의 죄를 저지르다 죽게 되었으니, 얼마나 처절한 회한과 죄책감이 들었을까요? 그는 통탄의 눈물로 회개한 끝에 물고기 뱃속에서 나와 하나님이 말씀하신 니느웨로 가게 됩니다.

이렇게 돌아간 니느웨에서 요나는 오직 하나님의 말씀만을 전합니다. 만약 요나가 자신이 그곳에 오기까지 겪은 일들을 자세히 말했다면 니느웨 사람들이 더 잘 이해하고 믿었을지 모릅니다. 그러나 요나는 아무 설명도 없이 "사십 일이 지나면 니느웨가 무너질 것이다!"라는 말씀만 전합니다(욘 3:4).

그런데 놀랍게도 이 말을 들은 니느웨는 회개하며 하나님께 살려달라고 기도하기 시작합니다. 니느웨의 왕이 재 위에 앉아 기도할 뿐 아니라, 온 나라 백성과 가축까지 베옷을 입고 회개했습니다. 하나님은 그 눈물의 기도를 보시고 뜻을 돌이켜 멸망시키려던 니느웨를 구원하십니다.

여호와 이레의 하나님

아브라함은 자기 아들을 하나님께 드리라는 영적 시험을 믿음으로 통과하며 '여호와 이레'의 하나님을 찬양합니다. 아 브라함이 어떻게 이런 믿음을 가지고 하나님을 고백할 수 있었을까요? 아브라함의 마음에 쌓여 있던 한이 해결 받았기 때문입니다.

아브라함은 아들을 얻게 된다는 하나님의 약속을 받았지만, 현실에서는 오랫동안 응답받지 못합니다. 아들이 생기기는커녕 아내 사라가 나이가 들어 아이를 가질 수 없는 몸이 되고 맙니다.

하나님의 약속은 있는데 그것이 이뤄지지 않으니 아브라함의 마음에 한이 쌓여갈 수밖에 없습니다. 오죽 답답했으면 자기 수하 중 다메섹 사람 엘리에셀을 양자로 삼을 생각까지 했겠습니까? 그러나 하나님은 여전히 그에게 아들을 낳을 것이라고 말씀하십니다.

아브라함은 한 번 더 믿음을 가지고 하나님의 말씀을 기다린 끝에 100세의 나이에 아들 이삭을 얻게 됩니다. 이렇게 얻은 아들이 무럭무럭 잘 자라고 있던 어느 날, 하나님의 청천벽력 같은 명령이 떨어집니다. 그 아이를 제물로 바치라는

흔들릴 때 버려야 할 것

것입니다. 도저히 이해할 수 없는 일입니다.

그러나 아브라함은 하나님을 믿고 마음에 쌓인 한을 삭이며 모리아 산에 올라갑니다. 하나님의 말씀에 믿음으로 순종하고는 있지만, 자기 독자를 죽이러 올라가는 아버지의 마음이 어떻겠습니까? 이루 말할 수 없는 한이 쌓입니다. 혹시나 산 정상에서 하나님을 만날 수 있을까 하는 마음이 있었는지도 모릅니다. 그러나 산 정상에 올라 아들을 제단에 꽁꽁 묶을 때까지도 하나님은 나타나시지 않았습니다. 눈물을 머금고 아들을 제물로 바치려고 칼을 든 순간, 드디어 여호와 이레의 하나님을 만납니다.

눈물의 흔적을 가진 사람

여호와 이레의 하나님을 직접 경험한 사람이 외치는 하나님과 인생의 아무 고비도 없었던 사람이 외치는 하나님은 완전히 다릅니다. 하나님을 만난 체험도 없이 막연히 믿는 하나님을 전한다면 누가 믿을 수 있겠습니까? 아무리 하나님의 신실하심을 믿고 전한다고 해도 막연한 믿음일 뿐입니다.

그러나 인생의 흔들림 속에서 죽음을 뛰어넘어본 사람은

다릅니다. 그가 말하는 하나님 이야기는 선명하고 확실할 뿐 아니라 다른 사람에게 간증이 됩니다. 그가 전하는 메시지에는 하나님의 능력이 나타나고 역사합니다.

> 하나님의 나라는 말에 있지 아니하고 오직 능력에 있음이라_
> 고전4:20

하나님의 능력을 끌어내는 힘은 성도의 눈물입니다. 성도의 눈물은 기도의 흔적이기 때문입니다. 이 눈물의 기도는 하나님의 보좌에 상달되고, 하나님의 책에 기록되며, 주의 병에 담깁니다.

> 나의 유리함을 주께서 계수하셨사오니 나의 눈물을 주의 병에
> 담으소서 이것이 주의 책에 기록되지 아니하였나이까_시 56:8

주님은 나의 눈물을 담아두는 병을 가지고 계십니다. 구원받은 자마다 각자의 눈물을 담는 병이 따로 있습니다. 그래서 하나님 앞에 흘린 눈물의 양이 저마다 측정됩니다. 하나님은 이 눈물을 간직하셨다가 마지막 날 심판 때에 계수하여 각자의 상급을 주십니다.

예수님도 고통의 흔적을 가지고 계십니다. 골고다의 십자가는 그리스도의 흔적입니다. 베들레헴 말구유에서 시작된 예수님의 생애는 그 죽음의 길을 가는 흔적이었습니다. 예수님도 할 수만 있다면 피하고 싶으셨던 흔적이었습니다. 이 흔적이 우리에게는 복음이 되었습니다.

내 안에 쌓인 한이 영적 결단을 통해 기도의 눈물로 바뀔 때, 우리의 삶은 회복됩니다. 더 나아가 눈물의 흔적을 가진 상처 받은 치유자로서 다른 사람들을 돕고 치유할 수 있게 됩니다.

3
흔들려도
버틸 엄두만 내면

인생에는 승부처가 있습니다.

인생에서 하나님의 흔드심을 만날 때도

승부처에 선 때입니다.

이때 문턱에 걸려 넘어지지 말고 뛰어넘어야 하는데,

그러려면 담대함이 필요합니다.

담대함은 주님의 뜻대로 기도하는 것입니다.

영적 담력으로 담대한 인생

 09

제가 주례한 커플 중에 백승진, 최보현 부부가 있습니다. 얼마 전 이들의 집들이에 초대를 받아서 축복해주고자 신혼집을 방문하였습니다.

예배를 드리고 여러 축복의 말과 함께 다과를 나누던 중, 이 부부가 종이 한 장을 내밀었습니다. 읽어보니 이런 내용이었습니다.

백승진 형제의 '예수성가'

요즘 서울의 아파트 전셋값이 너무 올라서 결혼을 앞둔 이들이 결혼을 미루거나, 서울을 떠나 외곽에서 신혼살림을 시작한다는 뉴스가 종종 보도됩니다. 이런 이야기는 제 또래의 청년들에게 공통된 관심사이자 고민거리입니다.

젊은 직장인이 결혼 전에 돈을 모아서 전셋집을 얻어 결혼하기란 현실적으로 너무 어렵습니다. 부모님께 손을 벌려도 비용이 모자라서 대출을 받아 전셋집을 구하는 게 보통입니다. 이런 상황에서 제 오랜 기도제목은 부모님의 도움을 받지 않고 오직 하나님의 도움으로 결혼 비용과 신혼집을 마련해서 결혼하는 것이었습니다.

이 기도를 하면서 저는 제 쥐꼬리만 한 월급에서도 십일조와 감사헌금을 철저하게 하고 자선단체를 후원하는 등, 물질을 사용할 때 항상 하나님 앞에 정직하려 노력했습니다.

제가 큰돈을 헌금하는 것을 본 친구들은 저를 "미친놈"이라고 했지만, 저는 이렇게 말했습니다.

"원래 하나님의 돈이니 하나님께 돌려드리는 것뿐이야. 하나님께서 더 크게 부어주실 테니 지켜봐라. 하나님이 어떻게 해주시는지."

하나님은 제게 절약과 저축, 재테크를 시키셨고 제가 가진 물질에 복을 더해주셨습니다.

얼마 전, 드디어 저는 부모님의 도움이나 대출 없이 오직 하나님만의 도움으로 서울 지역의 아파트를 사게 되었습니다. 이 소식을 들은 친구들은 "하나님이 진짜 있긴 있나 보다"라고 했습니다.

젊은 나이에 돈을 모아 집을 사게 된 것은 제 능력이나 지식으로 한 일이 절대 아닙니다. 제 기도를 들으신 하나님께서 하신 일입니다.

제게 물질의 축복을 주신 살아계신 하나님을 찬양합니다. '자수성가'가 아닌 '예수성가'를 이루고 간증하는 삶을 살게 하소서!

이 내용을 읽고 저는 '아, 믿음으로 집을 사게 되었다는 간증이구나!' 싶어서 기특한 마음으로 칭찬해주려는데, 부부가 갑자기 울기 시작했습니다. 사연을 들어보니 이 형제가 깜짝 놀랄 고백을 합니다.

"목사님, 이 글은 최근에 적은 것이 아닙니다. 제가 10년 전에 믿음으로 기도하며 미리 써두었던 글입니다. 그런데 기도한 그대로 이루어져 제 집을 가지게 되니 너무나 감사한 마음이 들어서 목사님께 보여드리는 것입니다."

믿음의 담력을 가진 청년

제가 청년부를 담당하고 있을 때 청년들과 중국으로 비전트립을 간 적이 있습니다. 백승진 형제도 그 여행에 참여하려고 매달 월급에서 얼마씩 떼어 여행비용을 모아두었는데, 휴가 일정이 잡히지 않아서 못 가게 되었습니다. 그때 이 형제가 저를 찾아왔습니다.

"목사님, 제가 참여하지는 못하게 되었지만, 어차피 비전트립 비용으로 돈을 모았으니 저를 대신해서 다른 청년이 갈 수 있게 이 돈을 사용해주세요."

그가 봉투를 내미는데 금액을 보니 두 사람의 여행 경비가 들어 있었습니다. 제가 물어보자 형제가 이렇게 말합니다.

"저는 계획한 바가 있어서 돈을 모으는데, 조금 여유가 생길 때마다 그 돈을 하나님께 드리고 싶은 마음이 들어서 드리지 않고는 견딜 수가 없습니다."

이 고백을 듣고 감동이 되어 제가 이렇게 조언해주었습니다.

"이제부터 금융에 관심을 두고 재테크를 시작해라. 그리고 매주 나에게 안수를 받으러 와라."

백승진 형제는 이 말에 순종해서 그 후로 매주 안수기도를 받으러 왔습니다. 그는 하나님께 기도하면 반드시 응답해주신다는 믿음의 '영적 담력'이 있었습니다. 하나님은 영적 담력을 가지고 기도하는 사람을 풀어주십니다. 영적 담력이 있어야 흔드심 속에서도 우뚝 서서 기도하는 사람이 됩니다.

영적 담력이 필요할 때

인생을 경영하는 방법 중에 가장 좋은 방법은 '기도 경영'

입니다. 기도하는 사람은 절대 망하지 않습니다. 하나님은 담대하게 구하는 사람의 기도를 들으십니다.

> 그를 향하여 우리가 가진 바 담대함이 이것이니 그의 뜻대로
> 무엇을 구하면 들으심이라_요일 5:14

'영적 담력'은 그리스도인에게 꼭 있어야 할 영적 전제前提입니다. 시대나 상황에 따라 변하지 않고 항상 필요한 영적 진리이기 때문입니다. 영적 담력은 믿음이 있을 때 생깁니다. 이 땅에서 얻은 담력은 '깡'이지만, 믿음의 담력은 하늘에서 내려옵니다. 하나님이 하늘에서 말씀으로 주신 믿음이 곧 영적 담력입니다.

영적 담력이 가장 필요한 때는 인생이 흔들려서 믿음이 필요한 때입니다. 흔들릴 때는 영적인 담력이 있어야 끝까지 버틸 수 있습니다. 영적 담력을 가진 사람에게는 묶인 것이 반드시 풀립니다.

성경의 인물 중 모세의 어머니 요게벳은 영적 담력이 있었던 사람입니다. 그녀는 이스라엘 남자아이를 다 죽이라는 애굽 왕의 명령에도 자기 아들을 석 달이나 숨겼습니다. 더는 숨길 수 없게 되자 갈대 상자를 만들어 나일 강에 띄워 보

냅니다.

이때 요게벳은 나일 강에 아들을 버린 것이 아닙니다. 하나님께서 역사하시리라 믿고 담대하게 그분 손에 맡겼습니다. 그녀는 자기 딸이자 모세의 누나인 미리암에게 몰래 숨어 지켜보게 합니다. 하나님이 하실 일을 기대했기 때문입니다.

때마침 애굽의 공주 한 명이 목욕하러 나일 강에 나왔다가 갈대 상자를 발견하고 아기 모세를 건져 올립니다. 모세의 어머니는 얼마나 다행스러웠을까요? 죽을 수밖에 없었던 어린 아들이 살 기회를 얻었을 뿐 아니라 애굽 공주의 손에서 왕자로 자라게 되었으니 말입니다.

요게벳의 담대함은 여기서 한 발자국 더 나아갑니다. 애굽의 공주가 물에서 건져 올린 아기에게 젖을 물릴 유모를 찾을 때였습니다. 이를 지켜보던 미리암은 공주에게 어머니를 추천했고 요게벳은 자기 아들의 유모로 망설임 없이 나섭니다.

하나님은 이 모든 일이 이루어질 수 있게 역사하셨습니다. 그날 나일 강의 흐름과 애굽 공주의 목욕 시간, 미리암의 말에 공주의 마음이 움직인 일까지 모든 것이 착착 맞아 떨어지게 역사해주셨습니다.

영적 담력의 대물림

요게벳의 결단과 담대한 영적 행동은 믿음이라는 수직적 사고방식에서 나온 것입니다. 믿음의 사고방식은 부모를 통해 내려온 신앙 교육에서 비롯됩니다. 사람 사이의 '수평적 사고방식'은 자라면서 학교나 친구를 통한 수평 관계에서 배우지만, 하나님과 사람 사이의 '수직적 사고방식'은 가정에서 부모와의 수직 관계를 통해 배우게 됩니다. 즉, 신앙 교육은 가정에서 믿음의 부모를 통해 이루어지는 겁니다.

부모의 믿음은 자녀에게 대물림됩니다. 영적인 부모는 자녀의 신앙 교육에서 살아있는 믿음의 교과서입니다. 부모가 불순종하는데 자녀가 믿음을 갖기는 상당히 어렵습니다. 그러나 부모가 기도하고 순종하면 그 믿음이 자연스럽게 대물림됩니다.

모세는 '그 어머니에 그 아들'입니다. 어머니 요게벳의 믿음이 모세에게 대물림되어 이스라엘을 이끌만한 영적 담력을 가진 지도자가 되었습니다.

출애굽 당시 이스라엘 백성이 모세의 말을 듣고 순순히 따라 나왔던 것은 아닙니다. 그들은 따라 나온 후에도 광야에서 마실 물과 먹을 것이 없자 "애굽 땅에서 배불리 먹고 살던 때가 좋았다"며 모세를 원망합니다.

애굽에서 가혹한 노동에 시달리며 노예처럼 살았던 때가 정말 좋았을까요? 이스라엘 백성은 노예 생활이 자신의 원래 삶이었던 것처럼 체념하고 익숙해져 있었습니다. 죽은 자의 문화인 애굽에서 노예의 삶에 매여 애굽을 떠나기를 두려워했습니다.

모세는 이러한 백성을 향해 짐을 싸서 떠나라고 담대히 말합니다. 더 나아가 애굽 사람에게 재물까지 받아서 당당히 나오게 합니다.

35이스라엘 자손이 모세의 말대로 하여 애굽 사람에게 은금 패물과 의복을 구하매 36여호와께서 애굽 사람들에게 이스라엘 백성에게 은혜를 입히게 하사 그들이 구하는 대로 주게 하시므로 그들이 애굽 사람의 물품을 취하였더라_출 12:35,36

이 일은 애굽에 열 번째 재앙이 내려진 직후에 일어났습니다. 열 번째 재앙은 사람이든 짐승이든, 애굽의 모든 장자가 죽는 재앙이었습니다. 아무리 완악한 애굽의 왕이라도 자기 맏아들이 죽었는데 무슨 정신이 있었겠습니까? 두렵고 놀라 갈피를 잡지 못했습니다.

이때 모세와 이스라엘 백성은 애굽 사람들에게 은금 패물과 의복을 받아서 애굽 땅을 나옵니다. 노예 생활에서 해방되는 것만으로도 감사한 상황인데, 430년간의 오랜 노예 생활의 대가를 당당히 요구하고 받아내었습니다.

사람에 대한 평가 기준

이스라엘 백성이 애굽에서 가지고 나온 은금 패물은 어디에 사용되었을까요? 광야에서 하나님이 지시하신 대로 성막을 만들 때 그 재료로 사용되었습니다.

이 사건에서 물질에 대한 하나님의 관점을 엿볼 수 있습니다. 하나님은 물질을 필요한 곳으로 옮기시는 분입니다. 어떤 일에서 하나님의 목적이 분명하다면, 하나님은 그의 사람을 통해 다른 곳의 물질을 그에게 주시고 하나님의 목적대로 사용하십니다. 하나님은 필요하다면 물고기 입을 열어서라도 동전을 꺼내시는 분입니다(마 17:27).

이스라엘이 출애굽할 때 재물도 가지고 나온 것처럼, 우리가 풀림의 은혜를 맛볼 때는 물질을 다루시는 하나님의 역사와 권세도 따라옵니다. 하나님이 우리의 손에 물권物權을 붙여 주시는 것입니다. 저는 이것을 '하나님의 아웃소싱'이라고 말합니다. 흔드심을 견디고 풀림의 은혜를 받은 사람은 하나님의 아웃소싱을 소유한 사람입니다.

물질이 손에 붙는다는 말은 벌어들이는 액수의 크기를 의미하는 말이 아닙니다. 아무리 수입이 많아도 지출하는 것이 그보다 많으면 적자 인생이 되고 맙니다. 이는 터진 그물과 같아서 피라미 새끼 한 마리 잡지 못합니다. 하나님이 아무리 고기를 몰아주셔도 내가 가진 그물이 터져 있다면 밑 빠진 독에 물 붓기인 셈입니다.

사람을 평가하는 현대인의 기준은 그의 연봉입니다. 연봉이 얼마인지에 따라 그 사람의 능력과 그릇을 따집니다. 그러나 사람의 연봉이 그 사람의 크기는 아닙니다. 실제로 그 사람이 움직일 수 있는 예산, 즉 버짓budget이 얼마인가가 그 사람의 크기입니다. 버짓이 그가 가진 진정한 물권의 크기입니다.

하나님의 뜻에 따라 인생의 분명한 목적을 가지고 있는 사람이 있다면, 하나님은 그의 손에 이런 물권을 붙여주십니다. 하나님은 하나님 나라의 목적을 위해 세상의 물질을 이동시키시기 때문입니다.

영적 담력을 발휘할 때 일어나는 일

홍해 앞에서 모세는 다시 한 번 영적 담력을 보입니다. 모두가 죽음을 예감할 순간, 모세는 오히려 담대하게 선포합니다.

¹³모세가 백성에게 이르되 너희는 두려워하지 말고 가만히 서서 여호와께서 오늘 너희를 위하여 행하시는 구원을 보라 너희가 오늘 본 애굽 사람을 영원히 다시 보지 아니하리라 ¹⁴여호와께서 너희를 위하여 싸우시리니 너희는 가만히 있을지니라_출 14:13,14

이 척박한 세상에서 그리스도인이 세상을 선도하며 살아가려면 모세와 같은 영적 담력이 필요합니다.

모세의 뒤를 이어 이스라엘의 지도자가 된 여호수아도 영적 담력이 있는 사람이었습니다. 하나님의 말씀을 받고 가나안 땅으로 들어가기 위해서는 건너야 할 강이 있었습니다. 요단 강입니다. 그런데 이번에는 홍해를 건널 때처럼 바다가 먼저 갈라지고 맨땅이 드러나지 않았습니다. 하나님의 말씀에 의지해서 강물에 먼저 발을 담갔을 때 요단강이 갈라져서 건널 수 있었습니다. 이 사건을 통해 여호수아는 명실상부한 이스라엘의 지도자가 되었습니다.

그러나 여기서 끝이 아니었습니다. 요단 강을 건너자마자 만난 것은 난공불락의 성 여리고였습니다. 여리고 성을 점령해야만 가나안 땅의 기득권을 가지고 앞일을 도모할 수 있었습니다. 이때 여호수아는 하나님의 군대 대장을 만납니다(수 5:13- 15). 군대 대장을 만난 여호수아는 다시 영적 담력을 발휘합니다. 그는 하나님이 그에게 주신 말씀대로 행합니다.

> [2]여호와께서 여호수아에게 이르시되 보라 내가 여리고와 그 왕과 용사들을 네 손에 넘겨 주었으니 [3]너희 모든 군사는 그 성을 둘러 성 주위를 매일 한 번씩 돌되 엿새 동안을 그리하라 [4]제사장 일곱은 일곱 양각 나팔을 잡고 언약궤 앞에서 나아갈 것이요 일곱째 날에는 그 성을 일곱 번 돌며 그 제사장들은 나팔을 불 것이며 [5]제사장들이 양각 나팔을 길게 불어 그 나팔 소리가 너희에게 들릴 때에는 백성은 다 큰 소리로 외쳐 부를 것이라 그리하면 그 성벽이 무너져 내리리니 백성은 각기 앞으로 올라갈지니라 하시매_수 6:2-5

여호수아는 하나님의 명령대로 여리고 성을 돌기 시작합니다. 하나님의 명령이니 그대로 따르기는 했지만, 창과 칼을 들고 전쟁을 치를 줄 알았다가 성벽 앞만 돌고만 있으니 얼마나 기가 막히겠습니까? 성을 돌고 있는 이스라엘 백성이나 성곽 위에서 지켜보는 여리고 성 사람이나 어이없기는 마찬가지였습니다.

무려 7일 동안 전쟁의 기미는 보이지 않았고, 백성은 그저 성 주위를 돌기만 했습니다. 그런데 일곱째 날, 마지막 일곱 바퀴를 돌고 하나님을 찬양하며 큰 함성을 질렀을 때, 난공불락의 성 여리고가 한순간에 와르르 무너져버립니다.

사실 이스라엘 백성이 무기도 가지지 않고 이처럼 여리고 성을 돈다는 것은 보통의 믿음으로 할 수 있는 일이 아니었습니다. 그들이 성벽을 돌고 있을 때, 만약 여리고 성 사람들이 화살이라도 쏜다면 어떻게 되겠습니까? 이스라엘 백성은 이런 위험을 감수하고 여호수아를 따라 성을 돌았습니다. 이는 여호수아가 영적 담력을 발휘하여 백성을 이끈 결과입니다. 영적 담력을 발휘하는 사람에게는 하나님이 이러한 은혜를 주십니다.

영적 담력의 또 다른 이름

영적 담력을 다른 말로 바꾸면 '죽으면 죽으리라'입니다. 이것은 왕후 에스더의 목숨을 건 기도요, 결심이었습니다. 에스더는 하만이 유대 민족을 멸할 계획을 세웠다는 사실을 삼촌 모르드개를 통해 알게 됩니다. 에스더는 유대 민족을 구하기 위해 "죽으면 죽으리이다" 하며 왕 앞에 담대히 나아 갑니다.

> [15]에스더가 모르드개에게 회답하여 이르되 [16]당신은 가서 수산에 있는 유다인을 다 모으고 나를 위하여 금식하되 밤낮 삼일을 먹지도 말고 마시지도 마소서 나도 나의 시녀와 더불어 이렇게 금식한 후에 규례를 어기고 왕에게 나아가리니 죽으면 죽으리이다 하니라_에 4:15, 16

인생에는 승부처가 있습니다. 우리 인생에서 하나님의 흔드심을 만날 때도 승부처에 선 때입니다. 이때 문턱에 걸려 넘어지지 말고 뛰어넘어야 하는데, 그러려면 담대함이 필요합니다. 담대함은 주님의 뜻대로 기도하는 것입니다. 하나님은 주님의 뜻대로 기도하면 반드시 응답해주시겠다고 약속하셨습니다. 의심하지 말고 그대로 해주실 것을 믿으십시오.

영적 담력의 또 다른 정의는 '그리 아니하실지라도'입니다. 다니엘의 세 친구는 극렬히 타는 풀무 불에 들어갈 위기에 처하게 되었습니다. 그들은 이러한 상황에서 하나님이 자신을 구해주시지 않는다고 해도 하나님을 섬기겠다는 믿음의 고백을 합니다.

> [17]왕이여 우리가 섬기는 하나님이 계시다면 우리를 맹렬히 타는 풀무불 가운데에서 능히 건져내시겠고 왕의 손에서도 건져내시리이다 [18]그렇게 하지 아니하실지라도 왕이여 우리가 왕의 신들을 섬기지도 아니하고 왕이 세우신 금 신상에게 절하지도 아니할 줄을 아옵소서_단 3:17,18

하나님은 담대히 풀무 불에 들어간 세 사람을 머리카락 하나 그을리지 않도록 보호하시고 무사히 살아나오게 하십니다. 오히려 그들을 풀무 불에 집어넣으려던 왕의 신하들이 불에 타 죽게 됩니다.

영적 담력을 가진 증거

우리가 흔히 '엄두를 낸다'고 하는데, '엄두'란 감히 무엇을 하려고 결심하는 담대한 마음을 뜻합니다. 제가 말하는 '엄두'는 자기 확신이 아닙니다. 우리가 기도할 때 하나님이 주시는 마음가짐이자 영적 담력의 증거입니다.

자기 확신에 차 있는 사람은 자기 생각에 사로잡혀서 자신을 너무 신뢰한 나머지 기도하지 않습니다. 이런 사람은 정작 인생의 승부처를 만날 때 담대히 넘어가지 못합니다. 그래서 똑같은 도전을 반복하는 삶을 살게 됩니다. 이것이 회돌이 인생입니다.

출애굽한 이스라엘 백성이 하나님을 원망하고 불순종했기 때문에 광야에서도 애굽의 삶을 반복하는 인생을 살지 않았습니까? 그들은 불과 일주일이면 갈 수 있는 길을 무려 40년간 회돌이하게 됩니다. 40년이라는 긴 세월 동안 출애굽 1세대는 여호수아와 갈렙만 남고 모두 광야에서 죽었습니다.

여호수아와 갈렙은 가나안 땅을 정탐할 때 그 땅의 정보와 지식 대신 하나님의 말씀과 믿음을 붙잡은 사람이었습니다. 그들은 모든 사람이 두려워 떨 때 "두려워하지 말라"고 담대하게 말했습니다. 여호수아와 갈렙은 영적 엄두를 내는 담대함을 가지고 있었습니다.

그 땅 백성을 두려워하지 말라 그들은 우리의 먹이라 그들의
보호자는 그들에게서 떠났고 여호와는 우리와 함께 하시느니
라_민 14:9

미국의 한인 이민 2세 아이들이 입버릇처럼 하는 말이 있
습니다.

"Once a quitter, always quitter."

한 번 포기한 사람은 항상 포기한다는 말입니다. 한 번
밀리면 평생 밀립니다. 영적인 세계도 마찬가지입니다.

가나 혼인 잔치의 하인들도 믿음의 엄두를 낸 사람들이
었습니다. 이 혼인 잔치의 혼주는 아주 곤란한 상황이었습니
다. 잔칫집의 흥을 돋우어주는 가장 중요한 포도주가 다 떨
어졌기 때문입니다. 자칫하면 손님들에게 망신을 당하고 잔
치를 망치게 될 상황입니다. 이때 예수의 어머니 마리아는
예수께 이 사정을 전하고 이 일을 해결해달라고 간청합니다.

예수님은 그 집의 하인들에게 물 항아리 아귀까지 물을
가득 채우고 그것을 떠서 가져다주라고 하십니다. 하인들이
그 말씀대로 순종했을 때, 그 물은 최상급 포도주로 바뀌어

손님들의 칭찬을 받았습니다.

이 일은 말씀에 순종하여 물 항아리의 아귀까지 물을 채운 하인들의 담력이 있었기에 가능했습니다(요 2:7). 이러한 모습이 영적 담력을 가지고 믿음의 엄두를 내는 일입니다. 우리가 믿음의 엄두를 낼 때 하나님은 흘러넘치도록 역사하십니다.

인생의 판을 바꾸는 믿음

10

영자는 가진 것도 물려받은 것도 없는 혈혈단신 외톨이였습니다. 스무 살이 된 영자는 이대로는 아무런 희망도 없겠다 싶어서 무작정 서울로 상경합니다. 그리고 서울 변두리 공장지대에 쪽방 하나를 간신히 얻었습니다.

힘겹고 고된 서울살이에 지친 영자에게 어느 날 한 신사가 찾아옵니다. 워낙 어린 시절에 헤어져서 잘 기억도 나지 않는 영자의 할아버지가 남긴 유산을 전하러 온 것입니다.

하나님의 유산을 받으려면

영자는 상상도 못 했던 사실에 어리둥절합니다. 잘 생각해보니 어린 시절 할아버지와 함께 즐거운 한때를 보냈던 기억이 어렴풋이 떠오릅니다. 지금까지 영자는 자신의 친할아버지가 있다는 사실도 모르고 살았습니다.

그 신사는 영자가 이제 성인이 되었으니 할아버지의 유산을 상속받을 수 있게 되었다고 말합니다. 자세히 들어보니 영자가 유산으로 물려받을 땅은 8차선 도로가 지나가는 금싸라기 땅이라서 부르는 게 값이라고 합니다. 심지어 엄청난 상속세까지 다 처리되었으니 등기만 하면 영자의 소유가 된다는 것입니다.

할아버지의 유언이 있다고 해도 소유권을 주장하려면 등기를 마쳐야 합니다. 영자가 등기를 마치자 할아버지가 영자에게 상속해주신 땅이 비로소 영자의 땅이 되었습니다. 이렇게 해서 영자의 삶은 완전히 바뀌었습니다.

영자의 이야기에서 보듯이 영적인 상속도 비슷한 과정을 거칩니다. 믿음은 영적 상속에서 등기와 같습니다. 하나님이 우리에게 주기로 약속하신 영적인 유산이 있습니다. 우리가 이 유산을 상속받아 누리기 위해서는 하나님 아버지를 믿어야 합니다.

믿음의 조상 아브라함은 하나님께 받은 축복을 아들 이삭에게 유산으로 물려주었습니다. 이삭은 이 축복을 다시 장자 에서에게 물려주려고 합니다. 그러나 에서는 영적 유산을 믿음으로 등기하지 못했습니다. 이삭의 유산은 둘째인 야곱이 믿음으로 상속받게 됩니다.

야곱의 영적 유산도 원래는 장자 르우벤에게 물려줄 축복이었습니다. 그런데 르우벤 역시 유산을 등기할 만한 믿음이 없었습니다. 결국, 믿음으로 등기한 요셉에게 하나님의 언약이 내려가고 요셉은 그 축복을 받아 누리는 인생이 됩니다. 하나님은 사랑하시는 자녀에게 복을 주시기 원하지만 먼저 그의 믿음을 반드시 확인하십니다.

믿음으로 등기하라

영자가 유산을 받기 위해 해야 할 일은 오로지 등기하는 일뿐이었습니다. 도장만 찍으면 됩니다. 영자는 그야말로 거저먹는 것이 아닙니까? 그렇습니다. 거저먹는 인생, 이것이 은혜입니다.

우리도 하나님의 유산을 받기 위해 믿음으로 등기해야 합니다. 사실 이 믿음도 하나님의 은혜로 말미암아 오는 것입니다.

> 복음에는 하나님의 의가 나타나서 믿음으로 믿음에 이르게 하나니_롬 1:17

상속받은 유산의 등기를 마친 영자는 등기부 등본만 봐도 배가 부른 듯합니다. 아직 낡은 옷을 입고 있고 허름한 쪽방에서 살고 있지만 이젠 힘들게 느껴지지 않고 그저 좋기만 합니다. 영자는 문득 자기 땅에 한번 가보고 싶은 마음이 듭니다.

영자가 그 땅에 가보니 아니나 다를까, 앞에는 8차선 도로가 나 있고 양쪽으로 아파트가 들어서 있는 노른자 땅입니다. 그런데 이게 웬일입니까? 자신의 땅에 건물이 하나 들어서 있는 데 간판에 '뱀탕 집'이라고 쓰여 있습니다. 자세히 알아보니 뱀탕 집 주인 뱀 씨가 수십 년 전부터 불법으로 이 땅에 건물을 짓고 뱀탕을 팔고 있었습니다. 게다가 뱀 씨는 자신이 그 땅의 주인인 것처럼 소문까지 냈습니다. 인근 부동산 업자들도 그 뱀탕 집이 하도 오래전부터 자리 잡고 있어서 그 땅이 뱀 씨의 소유인 줄 알고 있었습니다.

어이없는 상황을 알게 된 영자는 등기부 등본을 내보이면서 뱀 씨에게 자기 땅에서 나가라고 했습니다. 그러나 뱀 씨는 오히려 당당하고 뻔뻔한 태도를 보입니다. 순진한 영자의 약점을 잡고 영자를 흔듭니다. 오래전부터 그 땅에 살아온 자신의 권리를 주장하면서 영자를 회유하고 으름장까지 놓습니다. 위협을 받은 영자는 쪽방에 돌아와 이 사태를 어떻게 해야 할지 고민합니다.

이 이야기는 우리가 영적인 유산을 받을 때 일어나는 일을 상징으로 보여줍니다. 땅은 죄로 말미암아 잃어버린 영적 유산을 상징합니다. 유산을 물려주신 할아버지는 하나님이며, 값비싼 상속세는 예수 그리스도의 보혈을 상징합니다. 그 땅을 불법으로 소유하고 있는 뱀 씨는 마귀를 상징합니다.

우리는 하나님이 내 아버지이심을 믿는 믿음만 가지면 유산을 상속받습니다. 그러니 영자는 마귀의 협박에 눌려서 벌벌 떨 필요가 없습니다. 자신의 정당한 권리를 주장하기만 하면 됩니다.

만약 영자가 자신의 권리를 주장하지 않고 끝까지 소유를 누리지 못한다면, 그 문제는 영자의 삶으로만 끝나지 않습니다. 영자가 결혼해서 낳을 아들과 딸도 그 땅에 들어가지 못하게 됩니다. 그러니 끊을 수 있을 때 끊고, 쫓을 수 있을 때 쫓고, 찾을 수 있을 때 찾아야 합니다.

하나님은 우리가 인생에서 찾아야 할 것을 찾기 원하십니다. 성경은 찾고 구하고 얻는 자들의 역사이며 증거입니다.

영적 장자권을 놓치지 마라

야곱은 인생의 말년에 고향으로 돌아갑니다. 그곳에는 자신을 원수로 생각하는 형 에서가 기다리고 있습니다. 야곱은 두려운 마음으로 자신의 재산과 하인들, 사랑하는 아내와 아이들을 차례대로 얍복 강 건너편으로 보냈습니다.

마지막으로 자신이 가야 할 차례인데 야곱은 아직 건너갈 엄두를 내지 못합니다. 그는 절체절명의 인생 승부처에 서게 되었습니다.

야곱에게는 에서에게 없는 영적 장자권이 있었습니다. 그는 영적 담력을 내어 기도하기 시작합니다. 그는 천사와 밤새 씨름하며 죽기를 각오하고 매달립니다. 천사가 야곱의 환도뼈를 쳐서 힘을 쓸 수 없게 되었는데도 천사를 붙들고 놓지 않았습니다. 천사는 드디어 야곱의 승리를 인정하며 축복해줍니다. 야곱은 영적 장자권이라는 하나님의 약속을 붙잡고 끝까지 기도해서 승리를 얻었습니다.

[26]그가 이르되 날이 새려하니 나로 가게 하라 야곱이 이르되 당신이 내게 축복하지 아니하면 가게 하지 아니하겠나이다 [27]그 사람이 그에게 이르되 네 이름이 무엇이냐 그가 이르되 야곱이니이다 [28]그가 이르되 네 이름을 다시는 야곱이라 부를 것이 아니요 이스라엘이라 부를 것이니 이는 네가 하나님과 및 사람들과 겨루어 이겼음이니라 [29]야곱이 청하여 이르되 당신의 이름을 알려주소서 그 사람이 이르되 어찌하여 내 이름을 묻느냐 하고 거기서 야곱에게 축복한지라 30그러므로 야곱이 그곳 이름을 브니엘이라 하였으니 그가 이르기를 내가 하나님과 대면하

야곱은 천사의 축복을 받은 후에야 얍복 강을 건너 형 에 서에게 나아갔습니다. 에서는 엎드려서 용서를 구하는 야곱 을 오히려 반갑게 맞이하며 환영합니다.

에서는 이삭의 장자로 태어났습니다. 당연히 영적 장자 권도 에서에게 있었습니다. 하지만 에서는 영적 장자권을 가 볍게 여기다가 동생에게 장자권을 빼앗기고 말았습니다. 영 적 장자권을 가질만한 믿음이 없었던 것입니다. 이러한 인 생은 버는 것보다 쓰는 것이 많고 들어오는 것보다 새나가는 것이 많은, 터진 그물 같은 인생입니다.

재산과 아내와 자녀들까지 다 잃은 것처럼 보였던 야곱은 영적 담력을 가지고 목숨 걸고 기도할 엄두를 냈습니다. 이 러한 야곱에게 하나님은 모든 것을 되돌려주셨을 뿐 아니라, 아브라함과 이삭의 뒤를 이어 믿음의 조상이 되며 이스라엘 열두 지파의 시조가 되게 하셨습니다.

지금 현재 우리의 상황이나 모습은 다른 사람과 비교할 때 초라해 보일 수 있습니다. 그러나 보이는 것이 전부가 아 닙니다. 믿음이 있는 하나님의 사람에게는 영적 장자권이 있 습니다. 세상을 살면서 아무리 답답한 환경을 만나도 근심하거나 두려워하지 않을 수 있는 것은, 우리가 상속자이기 때문입니다. 어느 날 갑자기 쓰나미처럼 고난이 밀려와도 하나님의 사람은 평안과 감사로 돌파할 힘이 있습니다.

이것이 하나님의 자녀로서 누리는 권세입니다. 우리는 이 권세로 마귀를 대적할 수 있습니다. 그러므로 평생 불법으로 땅을 차지해온 뱀탕 집 주인을 쫓아내듯, 마귀를 대적하고 하나님께서 주신 축복을 받아 누리는 인생이 되십시오.

하나님의 일의 선두에 서라

펭귄은 남극의 신사로 불리는 남극의 대표적인 동물입니다. 펭귄의 먹이는 빙하 속 바다의 물고기입니다. 산란을 끝낸 펭귄들은 먹이를 구하려고 안식처를 떠나 머나먼 먹이 사냥길에 오릅니다.

오랜 시간이 걸려 마침내 바다에 도착한 펭귄들은 선뜻 바다로 뛰어들지 못하고 머뭇거립니다. 바닷속에는 펭귄이 내려오기만을 기다리고 있는 펭귄의 천적, 바다표범이 있기 때문입니다. 펭귄의 숫자는 수천, 수만 마리에 이르지만, 몇 마리도 되지 않는 바다표범이 두려워서 쉽게 뛰어들지 못합니다.

이때 한 펭귄이 먼저 물속으로 다이빙합니다. 그러자 그 뒤를 이어 수십 마리, 수백 마리가 뛰어들고, 이윽고 수만 마리의 펭귄이 모두 바닷속으로 들어갑니다. 진을 치고 기다리던 바다표범은 이 기세에 눌려 밀려나고 맙니다.

선두에서 뛰어내린 용감한 펭귄 한 마리가 뒤에 따라오는 수만 마리의 펭귄을 모두 살렸습니다. 이러한 이유로, 용기를 가지고 가장 먼저 도전해서 전체에 큰 영향을 주는 사람을 가리켜 '최초의 펭귄'the first penguin이라고 부릅니다. 우리는 믿음의 도전으로 엄두를 내어 선두에서 하나님의 일을 감당하는 사람이 되어야 합니다.

믿음의 엄두를 내어 하나님의 때에 맞게 하나님의 일을 하는 사람은 영적인 성장을 이룰 뿐 아니라 그리스도의 장성한 분량에까지 이르게 됩니다. 육신의 성장에 때가 있듯이, 영적 성장도 아무 때나 할 수 있는 것이 아닙니다. 하나님의 때를 놓치지 말고 믿음대로 행동할 엄두를 내야 성장합니다.

교회 일을 열심히 하는 자신을 보면서 '내가 너무 열심히 하다가 목사 되는 것이 아닌가?' 하고 일부러 신앙생활의 발걸음을 늦추는 사람이 간혹 있습니다. 그래서 한 발은 교회 안에, 한 발은 교회 밖에 두고 적당한 신앙생활을 유지합니다. 이러한 사람은 인생의 새로운 판에 들어서서 하나님이 주시는 축복을 받아 누리지 못합니다. 하나님이 주시는 은혜를 받으려면 때를 놓치지 말고 축복을 담을 그릇을 키워야 합니다. 그렇지 않으면 마치 장자권을 가지고도 누리지 못해서 빼앗긴 에서처럼 될 수 있습니다.

저는 무엇이 해결된 다음에 교회 나오겠다는 성도를 볼 때 가장 안타깝습니다. 이들은 사회적으로나 경제적으로 어느 정도 궤도에 오르고 집안 문제도 안정되고 나면 교회에 나오겠다고 합니다. 그러나 그때는 이미 하나님의 촛대가 다른 곳으로 옮겨져 있을지 모릅니다. 하나님의 일은 맡겨졌을 때 순종하며 감당해야 합니다.

만약 아브라함이 이삭을 바치러 모리아 산에 올라가다가 마음을 바꾸어 "안 되겠다. 아들 한 명만 더 생기면 드리자" 하고 다시 내려왔다면 어떻게 되었을까요? 아마도 '다른 아브라함'이 그 산에 올라가 하나님의 일을 이루었을 것입니다. 믿음의 시험을 포기했던 아브라함은 당연히 믿음의 조상이 될 수 없을 테니까요.

하나님의 일이면 설령 내가 준비되지 않았더라도 내 능력과 상관없이 반드시 이루어집니다. 그러므로 나를 사용하는 분의 권능을 믿고 순종할 엄두를 내야 합니다. 이러한 사람을 하나님이 사용하십니다.

영적 성장과 풀림을 위해

흔드심을 지나 풀림의 은혜를 누리고 싶습니까? 답답하고 막막한 저주의 삶에서 풀려나 하나님의 형통함을 누리기 원한다면 영적인 성장을 두려워하지 말아야 합니다. 그리스도의 장성한 분량에 이를 때까지 자라날 엄두를 내야 합니다.

엘리사 선지자가 가난한 과부에게 그릇을 빌려오라고 했을 때 그 과부는 하나님이 주시는 축복을 믿고 이웃집을 다니며 많은 그릇을 빌려 왔습니다. 그러자 하나님은 그 그릇에 담을 수 있는 양만큼 기름을 부어주십니다. 그릇이 다 차자 기름도 그칩니다(왕하 4:7). 탕자는 아버지를 떠나 버려진 인생처럼 살아갈 수밖에 없었지만, 다시 아버지 집으로 돌아올 엄두를 냈기에 인생이 회복되었습니다.

예수님은 십자가를 지시기 전날 밤 겟세마네 동산에서 마지막 기도를 하실 때 자신의 두려운 마음을 드러내셨습니다. 그러나 자기 생각을 내려놓고 하나님의 뜻대로 되기를 구했기에 십자가를 지시고 부활하셨습니다.

영적 담력을 발휘하기 전에 우리가 해야 할 일은 자기 생각을 내려놓는 것입니다. 아무리 자기 지식과 경험이 옳아 보여도 그 모든 생각을 내려놓고 하나님의 말씀을 선택할

때, 그 말씀이 우리의 영혼을 살리고 성장시킵니다. 마침내
는 하나님이 주시는 새로운 차원으로 판이 바뀌는 삶을 살
수 있습니다.

> 살리는 것은 영이니 육은 무익하니라 내가 너희에게 이른 말
> 은 영이요 생명이라_요 6:63

영적 담력으로 엄두를 내는 사람은 인생의 판이 바뀝니
다. 판이 바뀌면 하나님을 더 크고 넓게 만날 수 있습니다.

풀림에 도전하라

그렇다면 인생의 새로운 판은 어떻게 도전할 수 있을까요?

첫째, 물질의 풀림에 도전하십시오. 예수 그리스도는 부요
한 분이지만 가난하게 되셔서 우리의 가난을 담당하셨습니다.

> 우리 주 예수 그리스도의 은혜를 너희가 알거니와 부요하신
> 이로서 너희를 위하여 가난하게 되심은 그의 가난함으로 말미
> 암아 너희를 부요하게 하려 하심이라_고후 8:9

흔들려도 버틸 엄두만 내면

저는 이 말씀을 아무리 달리 해석해보고 숨은 의미를 찾아보려 해도 다른 무엇을 찾기 어렵습니다. 문자 그대로 명쾌한 약속의 말씀입니다. 이 말씀에 의지하여 영적 담력을 발휘할 엄두를 내십시오. 가계의 오래된 빚이 끊어지고 하나님이 옮기시는 물질의 주도권을 잡는 인생으로 바뀌게 됩니다.

요즘처럼 살기 어렵다고 하는 때에 한 번 넘어진 중년의 남자가 다시 일어서는 일이 쉽겠습니까? 안간힘을 쓰며 살아보려고 애쓰지만, 회돌이 인생에 지나지 않습니다. 그러나 하나님은 우리를 부요하게 하신다는 약속의 말씀을 주셨습니다. 그 약속은 믿고 바라는 자에게 반드시 이루어지는 진리의 말씀입니다.

둘째, 병에서 풀림을 도전하십시오. 병은 평생 끼고 살아야 하는 우리의 팔자나 운명이 아닙니다. 밀어내고 쫓아내고 정복할 수 있습니다. 하나님의 뜻은 명확합니다.

믿음의 기도는 병든 자를 구원하리니 주께서 그를 일으키시리라 혹시 죄를 범하였을지라도 사하심을 받으리라_약 5:15

영적 담력을 가지고 믿음으로 기도할 엄두를 내는 사람에게 하나님은 반드시 그 병을 치료해주겠다고 약속하셨습니다. 이 말씀 역시 달리 해석할 필요가 없는 약속의 말씀입니다.

셋째, 가정의 풀림에 도전하십시오. 하나님은 막힌 담을 허물고 둘을 하나로 만드시는 분입니다. 아무리 부부 관계가 싸늘하게 식어버리고 자녀와의 관계가 깨졌다 해도 하나님은 그 막힌 담을 허물고 하나 되는 가정으로 회복시켜주실 것입니다.

그는 우리의 화평이신지라 둘로 하나를 만드사 원수 된 것 곧 중간에 막힌 담을 자기 육체로 허시고_엡 2:14

그러나 너희도 각각 자기의 아내 사랑하기를 자신 같이 하고 아내도 자기 남편을 존경하라_엡 5:33

이 말씀을 붙잡고 영적 담력이 있는 남편이 먼저 기도할 엄두를 내십시오. 영적 담력이 있는 아내가 먼저 사랑할 엄두를 내십시오.

저는 성도 중에서 이혼 직전에 있던 가정이 이렇게 말씀대로 붙잡고 기도하며 서로 사랑할 엄두를 냈을 때, 다시 회복되는 경우를 많이 보았습니다. 그럴 때마다 얼마나 감사한지 모릅니다. 가정의 불화로 지옥 같았던 지난날을 고백하면서 말씀으로 회복되었다고 간증하는 성도를 볼 때, 약속을 지키시는 신실하신 하나님께 영광과 감사를 돌리게 됩니다.

하나님이 약속해주신 인생의 새로운 판으로 나아가기를 원한다면 영적 담력을 가지고 기도할 엄두를 내보시기 바랍니다. 그러나 물질, 관계, 사업, 결혼, 취업, 진학, 인생의 모든 문제가 풀린다고 해도 하나님과의 관계에서 풀림이 없으면 아무것도 아닙니다. 하나님과 관계가 풀리려면 어떻게 해야 할까요? 하나님을 가까이해야 합니다.

유진이와 할아버지

제가 미국 로스앤젤레스에서 사역하고 있을 때 제 아들 유진이는 아직 어리고 한국말을 잘 몰랐습니다. 저는 이러다가 한국에 계신 제 부모님과 유진이의 사이가 벌어질까 염려가 되었습니다. 그래서 유진이가 자기 전에 밤마다 할아버지의 설교 테이프를 틀어주었습니다. 유진이는 자장가로 할아버지의 설교를 들은 셈입니다.

그러던 어느 날, 아버님이 제가 있는 곳에 방문하신다는 연락을 받았습니다. 오랜만에 부모님을 만날 생각에 마음이 들떠서 오실 날을 기다리는데 유진이는 별 반응이 없어 보였습니다. 저는 유진이에게 이렇게 말했습니다.

"유진아, 너 가지고 싶은 것이 많지? 그걸 다 가질 방법이 있는데…."

그랬더니 반응이 옵니다.

"아빠, 어떻게 하면 되는데요?"

"할아버지 알지? 할아버지가 부자야!"

이 말을 들은 다음부터 유진이는 자기가 가지고 싶은 장난감의 목록을 읊어가면서 할아버지가 오실 날을 손꼽아 기다렸습니다.

드디어 오실 날짜가 되어 공항으로 마중을 나갔습니다. 밖에서 나오기를 기다리는데, 열린 문틈으로 아버님의 모습이 보였습니다.

"유진아, 할아버지다!"

제가 소리치며 유진이를 찾는데 유진이가 순식간에 사라졌습니다. 그 순간 갑자기 공항의 보안 경보음이 울립니다.

살짝 열린 입국장 문틈을 보니 유진이가 어느새 그 틈으로 달려 들어가서 짐을 찾아 나오시던 할아버지에게 가 있는 것이 아닙니까?

할아버지는 손자가 밖에서 갑자기 뛰어 들어와 자신의 품에 와락 안겼으니 기분이 어떠했겠습니까? 상황을 볼 것도 없습니다. 그저 반가운 마음에 뺨을 비비며 두 사람의 얼굴에는 웃음이 가득합니다. 저는 이 황당한 일에 대해 공항 보안담당에게 해명을 하느라 진땀을 빼고 말았습니다.

그래도 두 사람은 아랑곳없이 대화를 나누느라 바쁩니다. 유진이는 상기된 얼굴로 할아버지에게 자기가 가지고 싶은 장난감 목록과 그것을 사려면 어디에 가야 하는지 쉬지도 않고 영어로 떠들어댑니다. 할아버지는 무슨 소린지 하나도 알아들을 수 없었지만, 그런 손자의 말이 그저 '할아버지, 사랑해요. 보고 싶었어요!'로만 들린 모양입니다. 신기하게도 그날 제 아들은 자신이 원하는 장난감을 할아버지께 다 받게 되었습니다.

하나님을 가까이함이 내게 복이라

하나님을 가까이하라고 하면 어떤 사람은 하나님과 공간적인 간격을 좁히라는 뜻으로 생각합니다. 하나님을 가까이한다는 말은 그런 의미가 아닙니다. 제 아들 유진이가 할아버지 품에 안기듯, 달려가서 그 품에 그냥 안기는 것을 말합니다. 우물쭈물하지 말고, "아빠!" 하면서 하나님 품을 파고

드십시오.

> 하나님께 가까이함이 내게 복이라 내가 주 여호와를 나의 피
> 난처로 삼아 주의 모든 행적을 전파하리이다_시 73:28

하나님은 우리와 적당히 거리를 두면서 우리가 눈물 흘릴 때 위로의 말이나 건네시는 분이 아닙니다. 하나님은 내가 울 때 나보다 더 아파하면서 함께 울어주시고 내 눈물을 닦아주십니다. 머리를 쓰다듬고 어깨를 토닥이시며 위로하십니다. 우리가 마침내 하나님의 뜻을 이루는 인생이 될 수 있도록 격려하고 인도하십니다. 내 뺨을 어루만지며 사랑으로 입 맞추기를 원하십니다. 이것이 하나님을 만나는 진정한 예배입니다.

교회는 하나님을 가깝게 만나는 곳입니다. 예수님은 복음서의 글자 속에 갇혀 계신 분이 아닙니다. 일곱 귀신 들린 창녀와 강도, 맹인, 앉은뱅이, 문둥병자, 난쟁이 삭개오, 38년 된 병자처럼 묶여 있는 인생을 친히 풀어주신 분입니다.

제가 가까이 만난 예수님은 너무나 크십니다. 안 되는 것을 되게 하시는 분입니다. 하나님을 가까이 만나십시오. 그것이 흔드심을 통과하는 축복의 길입니다.

믿음 주시니 엄두가 난다

11

사람은 누구를 만나고 누구의 이야기를 듣는가가 중요합니다. 예수님이 십자가에 달렸을 때 그 좌우편에 강도들도 같이 달렸습니다. 한 강도는 옆에 계신 예수님의 말씀을 들었고, 다른 강도는 십자가 아래서 떠들어대는 로마인과 유대인의 이야기를 들었습니다.

말씀이 들리는 것이 은혜입니다. 특히 말씀이 필요한 때에 들리는 것이 은혜입니다. 씨가 잘 심겨 자라려면 좋은 모판이 필요합니다. 말씀을 듣는 귀는 좋은 모판과 같습니다. 땅의 소리를 들으면 땅과 함께 망하지만, 하늘의 소리를 듣는 사람은 주님과 함께 삽니다.

믿음의 엄두가 인생을 바꾼다

바울이 그리스도인을 핍박하는 청년이었을 때는 예수님의 말씀을 들을 귀가 없었습니다. 그러나 다메섹 도상에서 예수님을 만난 후 그의 인생이 바뀝니다. 자신의 인생을 다 바친 세 차례의 전도 여행을 통해 평생 기도하며 전도하는 삶을 삽니다. 그는 영적 담력으로 유럽에 발을 내디뎠고 로마까지 가서 전도할 엄두를 내었습니다. 그 결과 오늘날 우리도 예수를 믿을 수 있게 되었습니다.

바울처럼 어떤 상황에서도 믿음의 엄두를 내야 기적이 일어납니다. 상황과 형편에 얽매여 있으면 아무런 일도 일어나지 않습니다. 절망으로 빠져들 뿐입니다.

조선 왕조 말에 백영순이라는 사람이 살고 있었습니다. 이 사람은 태어나면서부터 시각장애인이었습니다. 당시는 시각 장애인이 공부하기 어려운 때였습니다. 백 씨는 자신이 할 수 있는 일을 찾다가 사람들의 점을 봐주게 되었습니다. 이른바 점쟁이가 된 것입니다.

사람들의 말투를 들으며, 혹은 마음에 떠오르는 대로 이러쿵저러쿵 말하다 보니 웬일인지 꽤 잘 맞는 점괘들이 나왔습니다. 제법 용하다는 소문도 나서 먹고살 만하게 되었습니다. 이렇게 생활하고 있는데, 하루는 어떤 사람이 그를 찾아와 야단을 칩니다.

"당신, 그렇게 사람들을 속이다가는 지옥에 갑니다. 생각해 보십시오. 당신의 자식이나 가족이 당신이 이렇게 사기치는 줄을 알면 어떻겠습니까? 자식들 망할 짓 하지 말고 예수 믿고 천국 가세요!"

이 소리를 들은 백 씨는 화가 나서 그 사람과 대판 싸움을 벌이고 집에 돌아왔습니다. 그날 밤 잠을 자려고 누웠는데 낮에 들은 소리가 귓가에 맴돕니다. 사실 맞는 말이니까요.

백 씨는 예수 믿으라는 말이 마음에 걸려 교회에 한 번 가보기로 했습니다. 그런데 어찌 된 일인지 처음 가본 예배에서 은혜를 받습니다. 은혜를 받고 나니 이제까지 자기가 사기 쳐서 번 돈이 마음에 걸렸습니다. 그래서 '이걸 어떻게 하나' 생각하다가 모든 재산을 교회 건축헌금으로 드립니다. 재산을 다 드리고 나니 살 집은커녕 갈 데도 없어서 교회에서 살게 되었습니다. 점쟁이 백 씨가 교회 사찰이 된 것입니다.

그런데 정말 놀라운 사건이 일어납니다. 백 씨의 아들이 교회에서 자라면서 선교사에게 영어를 배우게 되었는데, 이 아이를 가르치던 선교사가 아이의 영민함을 보고 미국으로 유학을 보내주었습니다. 아들은 주어진 기회를 놓치지 않고 파크대학과 프린스턴대학교에서 열심히 공부합니다. 그 후 예일대학에서 철학박사 학위까지 받고 한국으로 돌아오게 되었습니다.

이 아들이 연세대학교의 초대 총장이 된 백낙준白樂濬 박사입니다. 그는 문교부 장관까지 역임하게 됩니다. 백낙준 박사는 시각장애인 점쟁이 백 씨의 아들이었지만, 아버지의 인생 판이 바뀌자 그 아들이 열매를 거두게 되었습니다. 그의 아버지가 자신의 인생과 가문을 바꾸어보겠다는 엄두를 내었더니 하나님이 그대로 바꾸어주셨습니다.

믿음의 도약을 한 은희 자매

우리 교회 성도들은 하나님께 은혜받거나 응답받은 일이 있으면 서로 공개하고 나누기를 좋아합니다. 기도회를 할 때마다 많은 성도가 자신의 기도제목을 공유하고 중보기도를 부탁합니다. 그러면 모든 성도가 그 문제를 놓고 하나님께 간구합니다.

그 후 기도를 부탁했던 성도가 마침내 응답을 받게 되면, 기도회 간식이나 주일 후식 등으로 감사를 표현하곤 합니다. 이렇다 보니 우리 교회의 각종 기도회 간식과 주일 후식은 기도 응답의 감사로 항상 풍성합니다. 이것을 볼 때 목사로서 얼마나 보람을 느끼고 하나님께 감사하게 되는지 모릅니다.

전남 곡성에서 서울로 올라와 우리 교회에 출석하는 김은희 자매가 있습니다. 가진 것 없이 몸만 올라왔기 때문에 할 수 있는 것이 아무것도 없었습니다. 이 자매는 미용실에서 보조로 일하면서 교회에서 교사로 봉사하고 있었습니다.

어느 날 제가 지나가는 길에 이 자매에게 "은희야, 학교

다녀라"고 한 마디 했습니다. 그러자 그 말에 즉각 순종하여 대학교에 진학했고 마침내 졸업하게 되었습니다. 그 후, 제가 다시 "은희야, 남의 밑에서 보조로 일하지 말고 너만의 가게를 내라"고 했더니 그 말에 또 순종해서 대치동 한복판에 덜컥 가게를 계약했습니다. 부족한 돈은 여기저기서 끌어모아 결국 미용실을 개업했습니다.

"목사님, 개업하게 되었으니 가게 이름을 지어주세요."

"네 이름이 은희니까 '은희 헤어'라고 해라."

이 자매는 그 말대로 '은희 헤어'를 개업하고 원장으로 열심히 일했습니다. 개업 후 5년 만에 계약금과 권리금을 다 갚을 수 있었습니다. 지금은 저의 전속 헤어디자이너로서 교회에 헌신하는, 자랑스러운 하나님의 딸입니다.

이제 은희 자매는 한 번 더 도약해서 새로운 판으로 나아가려고 도전하고 있습니다. 자신만의 전문 분야를 개척해서 전문 뷰티 관리샵으로 전환할 계획을 세웠습니다. 그뿐 아니라 아직 예수를 믿지 않는 고향의 가족을 위해 기도하며 전도하고 있습니다.

가진 것 없던 한 어린 소녀가 어떻게 이렇게 할 수 있었을까요? 인생의 판을 바꿀 엄두를 냈기 때문입니다. 죽어도 하나님 말씀 앞에서 죽겠다는 마음으로 해볼 엄두를 내었더니 인생의 새로운 판이 열리는 은혜를 맛보게 되었습니다.

최 권사와 성도들의 기도

최은영 권사는 우리 교회 전도특공대 팀장입니다. 이분이 가슴에 심각한 통증이 느껴져서 병원을 찾아가 진단을 받았습니다. 그런데 MRI를 담당하던 기사가 대뜸 야단을 치더랍니다.

"아니, 이 지경이 되도록 뭐 하다가 이제야 왔습니까? 뼛속까지 전이된 게 아닌지 정밀 검사가 필요합니다."

최 권사는 놀라고 떨리는 마음으로 의사에게 갔습니다. 그랬더니 의사는 가타부타 말도 없습니다. 마취도 하지 않고서 가슴에 긴 바늘을 찌르고 조직검사를 하더랍니다. 너무나 무섭고 아파서 고통을 호소했더니 의사의 말이 더욱 참담합니다.

"앞으로 치료하면서 당할 고통은 지금과는 비교도 되지 않을 텐데, 이것도 못 참으면 나중에 어떻게 하려고 하십니까?"

최 권사는 청천벽력 같은 말을 듣고 믿기지 않아서 강남의 유명한 병원에서 다시 정밀 검사를 받아 보았지만 역시 같은 진단을 받았습니다. 집안은 하루아침에 상갓집이 되었고 최 권사가 속한 구역도 폭탄을 맞은 듯했습니다.

낙심해서 집에 돌아온 최 권사는 '이제 내 인생은 끝나는가 보다' 하는 마음에 가족에게 유언이 담긴 장문의 편지를 쓰고, 가진 옷을 정리하며 마지막을 준비하기 시작했습니다. 그런데 옷을 정리하다가 갑자기 이런 생각이 들었습니다.

'내가 왜 이런 병에 끌려가서 죽어야 하지? 나는 기도하는 사람이잖아. 하나님께 매달려야겠다.'

최 권사는 제게 전화를 했습니다. 마침 그때는 우리 교회에 '100번제 자정기도회'가 이어지고 있었고 고난주간 기도회가 겹쳐서 많은 성도가 기도하던 때였습니다. 최 권사는 자정기도회에 나온 성도들에게 자신의 이름과 병의 증상을 자세히 밝히고 중보기도를 부탁했습니다.

최 권사는 성도들과 함께 간절히 기도하면서 고난주간을 보낸 후, 다음 주에 떨리는 마음으로 병원에 갔습니다. 검사 결과를 보고 언제 수술을 할 것인지 일정을 잡을 예정이었습니다. 그런데 의사의 말이 검사 결과 수술할 필요가 전혀 없다는 겁니다.

하나님은 최 권사와 성도들의 기도를 들으시고 기적을 베

풀어주셨습니다. 할렐루야! 최 권사는 하나님께 너무나 감사해서 전 교인에게 떡을 돌리고 성가대원으로도 봉사하기 시작했습니다.

최 권사처럼 자신의 연약한 부분을 성도들 앞에 완전히 공개한다는 것은 사실 쉬운 일이 아닙니다. 믿음이 있기에 가능했던 일입니다. 하나님 앞에서 믿음으로 공개하고 다 같이 기도할 엄두를 내었더니 하나님이 풀어주셨습니다. 또한, 최 권사의 풀림은 다른 연약한 성도에게 '나도 풀릴 수 있다'는 소망이 되었습니다.

나에게 상처와 연약함이 있다 해도 믿음으로 엄두를 내면, 다른 사람에게 강력한 믿음의 증거가 될 수 있습니다.

알코올 중독도 벗어나는 은혜

우리 교회 청년 중에 한때 말썽꾸러기였던 강지예 자매가 있습니다. 목사의 딸로 자랐지만, 부모에 대한 반항심으로 방황하다가 알코올중독에까지 빠지고 말았습니다.

그래도 감사한 것은 신앙의 기본은 있어서, 자신의 직장에서 가까운 우리 교회에 나와 주일예배를 드렸습니다. 하지만 주일에도 전날 마시던 술이 깨지 않아 예배를 빼먹기 일쑤였습니다. 그러다가 영혼의 갈급함이 생기면 담당 교역자에게 기도를 부탁하곤 했습니다.

이러한 생활이 반복되다 보니 정상적인 직장생활도 어려워지고 삶은 그야말로 엉망진창이 되었습니다. 알코올중독을 끊기 위해 병원 입원을 생각해야 할 정도였습니다. 하나님은 이 자매에게 믿음의 남편을 선물로 주셨고, 이들 부부는 병원에는 들어갈 수 없다며 하나님께 기도할 엄두를 내기 시작했습니다. 저도 "그래, 목사인 나보다 너희 부부의 믿음이 좋구나!" 하면서 더 깊이 기도했습니다.

그 후 이 부부가 임신하게 되었는데, 아이를 갖게 되자 자매의 생활이 달라지기 시작했습니다. 하나님께서 말썽꾸러기인 자신에게 은혜를 주셨다면서 인생을 바꿀 엄두를 내었습니다. 자매는 결코 헤쳐 나올 수 없을 것 같았던 알코올중독에서 벗어났고 술은 입에도 대지 않게 되었습니다. 남편과 함께 기도하며 임신 기간을 보냈고, 예쁜 딸을 건강하게 출산했습니다.

교회는 하나님을 의지할 때 '어떤 문제도 문제가 안 되는' 인생들이 모이는 곳임을 보여주는 사례입니다.

흔들려도 버틸 엄두만 내면

전도할 엄두가 나도록 기도하라

많은 성도가 아직 믿지 않는 자신의 가족을 위해 저에게 중보기도를 부탁합니다. 저는 기도하다가 그 성도를 만나면 물어봅니다.

"지난번 기도 부탁하셨던 그 분이 예수를 믿을 기미가 보이나요?"

"아니요, 아직 꿈쩍도 안 합니다."

"그럼, 지난 명절에 예수 믿으시라고 전도해보도록 권면했는데, 그렇게 하셨나요?"

그러면 더러는 아쉬운 대답을 합니다.

"어휴, 말도 마세요. 괜히 집안에 분란만 일으킬 것 같아서 예수 믿으라는 얘기는 절대로 못 합니다."

이런 대답을 들으면 저는 이렇게 대답합니다.

"저는 이제부터 기도를 바꾸겠습니다. 그 전도 대상자를 위한 기도 대신, 성도님을 위해 기도하겠습니다. 전도할 엄두가 나게 해달라고요."

아무리 많은 사람에게 기도를 부탁했어도 본인이 전하지 않는다면, 전하는 사람 없이 누가 예수를 믿을 수 있겠습니까?

그런즉 그들이 믿지 아니하는 이를 어찌 부르리요 듣지도 못한 이를 어찌 믿으리요 전파하는 자가 없이 어찌 들으리요_롬 10:14

전하는 사람이 없으면 듣는 사람도 없습니다. 믿음은 들음에서 납니다. 믿지 않는 가족이 예수 믿기를 원한다면 복음을 전할 엄두를 내야 합니다. 하나님께 기도했다면 반드시 역사하실 하나님을 믿고 담대히 전해야 합니다.

어떻게 논리적으로 멋지게 말할까 고민할 필요가 없습니다. 그저 예수 그리스도가 우리의 구원자이심을 전하기만 하면 됩니다. 그를 구원으로 이끄시는 분은 하나님이십니다. 우리가 전할 때 하나님은 우리의 입에 합당한 말을 넣어주신다고 했습니다.

형제들아 내가 너희에게 나아가 하나님의 증거를 전할 때에 말과 지혜의 아름다운 것으로 아니하였나니_고전 2:1

마땅히 할 말을 성령이 곧 그때에 너희에게 가르치시리라 하시니라_눅 12:12

너는 그에게 말하고 그의 입에 할 말을 주라 내가 네 입과 그

의 입에 함께 있어서 너희들이 행할 일을 가르치리라_출 4:15

복음 전하는 증인의 사명

하나님의 일 중에 가장 중요한 일은 복음을 전하는 선교입니다. "21세기를 살아가는 현대인에게 살아계신 성령님을 보여주라"는 것이 제게 주신 주님의 부탁이었습니다. 성령님의 증인이 되라는 말씀입니다. 이는 주님이 우리 모두에게 직접 하신 부탁이기도 합니다. 복음을 전할 부탁을 받은 사람을 증인이라고 합니다.

오직 성령이 너희에게 임하시면 너희가 권능을 받고 예루살렘과 온 유대와 사마리아와 땅 끝까지 이르러 내 증인이 되리라 하시니라_행 1:8

우리 교회는 '한민족 3만 명의 침례 비전'과 '이방 민족 30만 영혼구원의 비전'을 하나님께 받았습니다. 저는 하나님께서 우리 교회에 주신 풀림의 영성으로, 묶였던 많은 사람이 풀어지는 역사가 머지않아 반드시 이루어리라 믿습니다.

우리 교회는 오랜 시간 이 비전이 이루어지기를 소망하며 기도하고 선교에 엄두를 내었습니다. 하나님은 우리에게 아시아 10개국 선교의 문을 열어주시고 러시아에 신학교를, 미국에 형제 교회를 세우게 하셨습니다. 대학 캠퍼스 선교와 유럽 선교의 문도 열어 주셨습니다.

말씀에 순종해서 해볼 엄두를 낸다는 말은 기도하면서 믿음대로 움직인다는 뜻입니다. 하나님은 우리에게, 움직이기도 어렵다면 하다못해 입이라도 크게 열라고 하셨습니다.

나는 너를 애굽 땅에서 인도하여 낸 여호와 네 하나님이니 네 입을 크게 열라 내가 채우리라 하였으나_시 81:10

믿음으로 입을 크게 열고 담대하게 복음을 전하는 사람이 엄두를 내는 사람의 대표적인 특징입니다. 하나님의 흔드심 가운데 있어도 믿음으로 복음을 전하며 일어설 엄두를 내는 인생에게, 하나님은 풀림으로 역사하십니다.

순종할 기회를 붙잡으라

 12

어떤 상품을 만들어서 대박 상품이 되었다고 해도, 그 상품을 대박 상품으로 유지하기란 힘든 일입니다. 얼마 지나지 않아서 유사하거나 더 뛰어난 상품이 쏟아져 나오기 때문입니다. 시장의 원리는 더 싸고, 더 좋은 제품이 점유하게 되어 있습니다. 지금 당장은 시장을 점유하고 있다고 해도 넋 놓고 있다가는 후발업체와의 경쟁에서 뒤처지고 맙니다.

인생도 이와 같습니다. 곤란한 상황에 매여 주저앉아 있으면 상황이 나를 삼켜버립니다. 신앙은 골동품이 아닙니다. 신앙생활이 오래되었다고 가치가 더 올라가지 않습니다. 그러므로 하나님이 쓰시겠다고 할 때 쓰임 받을 수 있도록 즉시 순종해야 합니다. 하나님이 하라고 말씀하실 때가 말씀대로 믿고 행동할 때입니다.

어쩌면 지금 처한 상황이 놓치지 말아야 할 순종의 순간일 수 있습니다. 주님이 말씀하신 대로 믿음의 도전을 해야 할 순간일지도 모릅니다.

세계의 판도를 바꾼 나라들

근대 세계사를 해양 세계의 발전이라는 새로운 관점에서

재해석한 서울대학교 주경철 교수의 책《대항해 시대》에 이런 내용이 있습니다.

서유럽의 스페인은 자기 나라 안에서는 판을 바꿀만한 힘이 없다고 판단하고 바다로 눈을 돌렸습니다. 그들은 해도와 항법을 잘 알고 있는 무슬림의 도움을 받아 바다로 진출했고, 바다를 지배하기 시작합니다.

이때 콜럼버스는 마르코 폴로의《동방견문록》을 읽고 신대륙을 찾아 떠납니다. 사실 그가 신대륙을 찾게 된 데는 또 다른 계기가 있었습니다. 당시 해상무역의 패권은 베네치아 공화국이 가지고 있었는데, 가장 가치 있는 품목은 향신료인 '후추'였습니다. 현대는 '금'이 최고의 가치가 되어 경제력을 나타내는 척도이지만, 당시에는 후추가 그 척도였습니다.

베네치아는 인도에서 수입한 후추를 유럽에 독점적으로 중개하고 있었기 때문에 포르투갈과 스페인은 그 판에 낄 틈이 없었습니다. 이에 스페인은 비용을 절감하여 후추를 싸게 유통할 방법을 고심합니다.

베네치아는 인도에서 수입한 후추를 술탄과 이슬람 지역을 거쳐 운반하느라 유통 비용이 많이 들었습니다. 그 지역에서는 높은 세율의 통과세를 받았기 때문입니다. 스페인은 콜럼버스를 통해서 육로가 아닌 바다로 새로운 상업 루트를 열어보려고 했습니다. 그 결과 뜻밖에 신대륙을 발견한 것입니다.

한편, 베네치아는 아라비아로부터 숫자 개념을 받아들여 그 개념을 토대로 '복식 부기법'을 완성했는데, 당시 무역 의존도가 높았던 네덜란드가 이 복식 부기법을 이용해서 세계 최초로 주식회사를 만듭니다. 그러자 영국은 발 빠르게 네덜란드의 주식회사 제도를 받아들이고, 당시 통치하던 전 세계 120여 개 식민지에 이 제도를 적용했습니다. 이것이 '동인도 회사'입니다. 영국은 동인도 회사를 기반으로 산업혁명을 일으키고 전 세계의 패권을 장악합니다.

신대륙 미국은 영국의 산업혁명과 네덜란드의 주식회사 제도를 그대로 받아들였습니다. 그리고 광야지대인 신대륙에 철도를 깔기 시작합니다.

당시 신대륙에서는 동부의 소떼를 서부로 옮겨야 했는데, 신대륙에 깔린 철도로 빠르고 안전하게 소떼를 운반할 수 있었습니다. 이 새로운 유통구조의 성공으로 전 세계의 패권은 미국으로 넘어오게 됩니다.

이처럼 세계의 역사 및 경제 패권의 흐름을 보면 공통된 특징을 발견할 수 있습니다. 필요한 때에 도전하고 변화를 받아들일 엄두를 냈다는 점입니다. 국가가 내부의 문제에 갇혀 그 문제만을 해결하려고 하면 오히려 나라가 도탄에 빠지고 점점 어려워지는 것을 볼 수 있습니다.

우리도 문제투성이 같은 흔드심 속에 있을 때 오히려 도전하고 변화할 엄두를 내야 합니다. 하나님은 새로운 판으로 나아가려고 엄두를 내는 사람을 풀어주십니다.

풀림에는 이유가 있다

머리로만 안다고 말하고 자리에 주저앉아 있는 사람은 아무것도 해결 받을 수 없습니다. 복음은 엄두를 내게 하는 능력입니다.

질병으로 고통받고 있다면, 그리스도께서 채찍에 맞으심으로 풀어놓은 신유의 응답을 받을 엄두를 내야 합니다. 죽고 싶을 만큼 마음이 지옥 같다면, 그리스도께서 징계받으심으로 풀어놓은 평화를 누릴 엄두를 내야 합니다. 겉으로는 부족함이 없어 보여도 아무도 모르는 죄의 짐으로 어깨가 무겁다면, 그리스도께서 십자가에 죽으심으로 풀어놓은 영적 자유를 누릴 엄두를 내야 합니다.

하나님은 이미 풀어놓으셨습니다. 하나님이 풀어놓으신

모든 회복, 축복, 자유, 부요함, 풀림의 역사는 기도하며 엄두를 내는 자들이 누릴 수 있습니다. 하나님의 흔드심에 지쳐서 싸울 힘이 없다면 모세처럼 두 손을 들 엄두라도 내야 합니다. 여리고 성 앞에 선 이스라엘 백성처럼 함성을 지를 엄두를 낼 때, 하나님은 반드시 풀어주십니다.

하나님은 우리 인생을 흔드실 뿐 아니라 풀어주시는 분입니다. 하나님은 우리가 혼자서 영광과 안락을 누리도록 우리 인생을 계획하지 않으셨습니다. 하나님의 흔드심과 풀림에는 이유가 있습니다. 우리가 과거에 흔들렸던 연약함을 사람들 앞에 드러낼 때, 그것은 수치와 실패와 걸림돌이 아니라 다른 인생을 위한 디딤돌이 됩니다. 나처럼 고통받고 병든 사람, 여러 가지 문제에 묶여 있는 사람에게 '나도 저 사람처럼 될 수 있다'는 소망의 확실한 증거가 됩니다.

하나님의 흔드심을 견뎌내고 풀린 사람이 다른 사람의 인생을 풀어줄 수 있습니다. 그 일을 위해 하나님은 우리를 흔드시고, 우리가 잃어버린 시간과 인생을 회복시켜주십니다.

청년 사울이 예수를 만나고 크게 흔들린 다음, 하나님 앞에서 그의 인생이 풀렸을 때 어떻게 되었습니까? 이방인의 사도가 되어 그를 통해 수많은 이방인이 예수님 앞으로 돌아왔습니다.

살인자가 되어 광야에서 쓸쓸히 생을 마감할 신세였던 모세를 하나님이 풀어주셨을 때 어떻게 되었습니까? 이스라엘을 이끄는 지도자가 되어 그를 통해 이스라엘이 430년 노예 생활에서 해방되었습니다. 그리고 젖과 꿀이 흐르는 가나안 땅의 주인이 되었습니다. 사울과 모세의 풀린 인생은 그들만의 것이 아니요, 많은 사람을 풀어줄 디딤돌이 되었습니다.

희생으로 쓰임받은 인생

영국 왕의 대관식이 열리는 곳으로 유명한 웨스트민스터 사원 지하에는 한 선교사의 무덤이 있습니다. 아프리카 선교로 평생을 바쳤던 영국인 데이비드 리빙스턴의 무덤입니다. 그가 아프리카에서 죽었을 때 영국 의회는 그의 시신을 본국으로 송환하기로 결의했습니다. 그런데 아프리카는 33년이나 아프리카를 위해 헌신했던 리빙스턴 선교사의 시신을 아프리카에 장사하기 원했습니다. 두 국가는 긴 회의 끝에 이런 결론을 내립니다.

"아프리카에는 리빙스턴 선교사의 심장을 남기고, 영국에는 리빙스턴의 시신을 보낸다."

데이비드 리빙스턴에게는 형이 한 명 있었습니다. 그는 캐나다에서 사업에 크게 성공하여 부자가 되었습니다. 그러나 그가 죽은 후 그의 무덤에는 이런 글이 적혔습니다.

"아프리카 선교사 데이비드 리빙스턴 형의 무덤."

같은 부모 밑에서 태어나 같은 환경에서 같은 교육을 받고 자란 형제이지만, 그들의 인생은 전혀 달랐습니다. 한 사람은 두 나라에서 시신을 놓고 줄다리기를 할 정도로 많은 사람이 기억하고 싶은 위인이 되었고, 한 사람은 세상이 이름조차 기억하지 못하는 사람이 되었습니다. 왜 이렇게 되었을까요? 한 사람은 하나님과 세상에 쓰임 받기 위해 자기를 희생할 엄두를 냈고, 한 사람은 그렇게 하지 못했습니다.

1957년에 노벨상을 받은 두 명의 알베르트가 있습니다. 한 사람은 노벨 평화상을 받은 의사이자 선교사인 알베르트 슈바이처이고, 다른 한 사람은 노벨 문학상을 받은 소설가 알베르트 카뮈입니다.

노벨상의 상금으로 두 사람은 각각 10만 불씩을 받았습니다. 카뮈는 상금으로 파리 근교에 성 같은 별장을 사고, 평소 가지고 싶었던 자동차도 사서 여유로운 생활을 누렸습니다. 반면 슈바이처는 그 상금으로 아프리카 가봉 랑바레네에 병원을 지었습니다.

어느 날 카뮈는 자신이 꿈꿔왔던 그 차를 타고 별장으로 가다가 교통사고로 생을 마감하고 맙니다. 지금 그 별장은 누구의 소유인지도 알 수 없습니다. 그러나 슈바이처가 아프리카에 세운 병원은 지금도 많은 사람을 살리는 일에 쓰임받고 있습니다.

데이비드 리빙스턴과 알베르트 슈바이처는 희생하고 섬기는 일에 엄두를 내어 그 인생이 풀린 사람입니다. 하나님은 이처럼 풀린 사람을 통해서 하나님의 일을 감당하게 하십니다.

순종할 기회를 잡은 사람들

예수 그리스도의 공생애 마지막 일주일에 예수님을 위해 엄두를 낸 사람들이 있습니다. 예수님은 베다니에 자주 거하셨는데, 베다니는 대체로 가난한 이들이 사는 마을이었습니다. 그때 예수님이 베다니 사람 문둥이 시몬의 집에 제자들과 함께 심방을 가셨습니다. 시몬은 감사해서 예수님과 제자들을 잘 대접합니다.

이들이 식사하고 있을 때 어떤 여인이 예수님께 나아왔습니다. 그녀는 300데나리온이나 하는 값비싼 향유가 든 옥합을 깨어 예수님의 머리에 붓습니다. 가룟 유다는 비싼 향유를 낭비했다고 그녀를 책망했지만, 예수님은 이 여인을 축복하십니다.

> [8]그는 힘을 다하여 내 몸에 향유를 부어 내 장례를 미리 준비하였느니라 [9]내가 진실로 너희에게 이르노니 온 천하에 어디서든지 복음이 전파되는 곳에는 이 여자가 행한 일도 말하여 그를 기억하리라 하시니라_막 14:8,9

이 여인은 예수님의 공생애 마지막 때에 그리스도의 장사를 기념한 여인이 되었습니다. 당시에 향유를 가진 여자가 이 여자 한 명이었겠습니까? 아닙니다. 이 여인은 때를 잘 맞추어 헌신할 엄두를 냈습니다. 하나님이 필요로 하시고 원하시는 때에 순종했습니다.

예수님은 예루살렘으로 가시는 길에 벳바게에 잠깐 들르십니다. 예수님이 예루살렘에 들어가시려면 성경의 예언을 이루기 위한 어린 나귀가 필요했습니다. 그래서 두 제자에게 장소를 일러주시면서 매여 있는 나귀를 끌어오라고 하십니다. 그리고 만약 누가 물으면 "주가 쓰시겠다"고 대답하라고 하십니다.

²이르시되 너희는 맞은편 마을로 가라 그리하면 곧 매인 나귀
와 나귀 새끼가 함께 있는 것을 보리니 풀어 내게로 끌고 오라
³만일 누가 무슨 말을 하거든 주가 쓰시겠다 하라 그리하면 즉
시 보내리라 하시니_마 21:2,3

주님의 말씀대로 제자들이 가보니 어린 나귀가 있었습니
다. 제자들은 그 주인에게 예수님이 가르쳐주신 대로 말하고
나귀를 끌고 옵니다. 이렇게 해서 예수님은 한 번도 무엇을
매어본 적이 없는 어린 나귀를 타셨습니다.

예수님과 제자들은 드디어 예루살렘에 입성합니다. 어린
나귀의 주인은 주가 필요로 하실 때 나귀를 내어드렸기에 그
리스도의 예루살렘 입성을 돕는 자가 되었습니다. 벳바게에
서 어린 나귀를 가진 사람이 그 나귀의 주인 한 명은 아니었
을 겁니다. 그러나 이 나귀 주인은 때에 맞게 나귀를 드릴 엄
두를 내었습니다.

주님이 십자가에 못 박히시기 전날 밤, 주님은 마지막으
로 제자들과 식사할 곳이 필요하셨습니다. 예수님은 제자들
에게 방을 준비하게 하십니다.

이르시되 성 안 아무에게 가서 이르되 선생님 말씀이 내 때가

가까이 왔으니 내 제자들과 함께 유월절을 네 집에서 지키겠
다 하시더라 하라 하시니_마 26:18

제자들이 성에 들어가서 예수님이 알려주신 대로 말하
자, 어떤 사람이 자기 집을 내주어 예수님과 제자들이 유월
절을 지킬 수 있게 합니다. 그곳은 예수님의 최후 만찬 장소
가 되었고, 주님이 살과 피를 나누며 성례를 행하신 장소가
되었습니다. 당시에 빈방이 있는 집이 그 집 하나였겠습니
까? 그러나 그 집의 주인은 주님이 원하실 그때 방을 내드릴
엄두를 냈습니다.

여기에서 한 가지 짚고 넘어가야 할 점이 있습니다. 예수
님의 마지막 때를 도운 이들 중에서 향유 옥합을 깨뜨린 여
인을 제외하면, 다들 그리 큰 희생이나 대가를 치르며 주님
께 드린 것이 아니었습니다. 그저 한 번, 혹은 하룻밤 잠시
빌려드린 것뿐입니다. 그런데도 주님은 성경 속 명예의 전당
에 그들을 기록해주셨습니다.

천국 명예의 전당도 재물이나 권세가 있다고 해서 이름을
올릴 수 있는 곳이 아닙니다. 그곳은 믿음으로 헌신하고 순
종할 엄두를 낸 자들에게 허락됩니다.

흔들려도 버틸 엄두만 내면

죽음을 각오한 엄두

그런가 하면 예수님의 마지막을 위해 엄두를 낸 사람도 있습니다. 아리마대 요셉입니다. 그는 산헤드린 공회원으로서 몰래 예수를 믿었던 그리스도의 숨은 제자였습니다. 사람들에게 들키지 않고 여태 잘 숨어 있었던 그가, 뜻밖의 때에 자신의 믿음을 드러낼 엄두를 냅니다.

예수 그리스도는 공생애를 다 마치고 십자가에 못 박혀 돌아가셨습니다. 보통의 경우 십자가형을 받은 시신은 그대로 두어 새들이나 짐승에게 뜯겨 해골이 바닥을 뒹굴게 합니다. 처형장의 이름이 '골고다', 즉 '해골'인 이유입니다. 예수님의 시신을 장사하기 위해서는 누군가 예수의 시체를 달라고 요구해야 했습니다. 그런데 아무도 나서지 못합니다.

예루살렘에 입성하셨을 때만 해도 예수님은 예루살렘의 유명한 인기스타였습니다. 하지만 지금은 예수님이 십자가에 죽었을 뿐 아니라, 누구라도 예수와 관련 있다는 사실이 드러나면 잡혀가거나 죽임을 당할 상황입니다. 예수님의 열두 제자마저 모두 도망가서 몸을 피하고 있었습니다.

이러한 때에 아리마대 요셉은 빌라도에게 찾아가 당당히 예수의 시신을 요구합니다. 그리고 자기 가족을 위해 준비해

두었던, 아직 아무도 장사 지내지 않은 빈 무덤에 예수를 장사지냅니다. 예루살렘 사람이라면 누구나 알만한 위치에 있었던 그가 예수의 제자라는 사실을 공공연히 밝혔습니다. 죽음을 각오한 엄두를 냈습니다.

예수 그리스도는 모두가 '죽었구나! 망했구나!' 하는 그때, 말씀대로 사흘 만에 부활하셨습니다. 예수님이 사흘 만에 부활하신 사실을 어떻게 확실히 증명할 수 있을까요? 십자가에서 죽은 것이 확실해야 부활도 확실합니다. 아리마대 요셉이 예수의 시체를 인계받을 수 있었던 것은 로마 정부가 확실하게 예수의 사망을 확인했기 때문입니다.

빌라도는 예수가 다시 살아나리라는 생각을 전혀 할 수 없었기에 시체를 내주었습니다. 다만 예수가 죽기 전에 사흘 만에 부활한다고 했기 때문에 혹시라도 제자들이 예수의 시체를 빼돌려 다른 꼼수를 부릴까 봐 예수의 무덤을 돌로 막고 병사들에게 지키게 했습니다. 이렇게 병사들이 지키고 있었기에 예수 그리스도의 부활이 더 확실히 증명되었습니다.

잃어버린 인생을 회복하려면

진정한 그리스도인이라면 사람에게 잘 보이려고 신앙생활을 해서는 안 됩니다. 사람을 바라보면 실망하고 시험에 듭니다. 땅의 소리를 들으면 망합니다. 그리스도인은 하늘의 소리, 하나님 말씀을 듣고 사는 사람입니다.

하늘을 바라볼 엄두, 하나님의 말씀을 들을 엄두, 입을 크게 벌릴 엄두, 손을 들어 찬양하고 기도할 엄두를 내십시오. 인생에서 잃어버린 시간을 회복할 엄두를 내야 합니다.

12년 동안 혈루증에 인생을 빼앗긴 여인, 38년 동안 병상에 누워있던 중풍 병자는 이미 오랜 시간을 잃어버렸으니 익숙한 대로 그냥 살아갈 수도 있었습니다. 바디매오는 태어날 때부터 시각장애인이었으니 포기하고 살아갈 수도 있었습니다.

그들은 익숙함에 안주하지 않고 잃어버린 자기 인생의 시간을 되찾고자 예수님께 나아왔습니다. 간절한 마음으로 예수님의 옷자락을 붙잡았고, 보이지 않는데도 소리를 높여 예수님을 불렀습니다. 인생의 시간을 회복할 기회에 외칠 엄두를 내었습니다.

하나님은 우리가 주님의 이름을 부르는 순간, 지금까지

우리가 어떤 모습으로 살아왔든지 상관하지 않습니다. 하나님은 믿음으로 엄두를 낸 사람을 절대 외면하지 않으십니다. 그 사람이 아무리 자격이 없고 준비가 안 되어 있어도, 그 인생을 건져 올려 살려주시고 풀어주십니다. 잃어버렸던 인생을 찾아서 돌려주십니다. 우리가 할 일은 믿음대로 순종하고 움직일 엄두를 내는 것뿐입니다.

4
흔들린 인생이
쓰임 받는 길

기도하지 않으면 하나님의 일을 이룰 수 없고

하나님의 역사를 누리지 못합니다.

웅변이 사람의 마음을 움직이는 힘이 있듯이,

우리가 하나님의 흔드심 속에서도

쓰러지지 않고 설 수 있는 길은 기도입니다

흔드심 이후의 기름 부으심

13

하나님의 흔드심 이후 인생의 판이 풀림으로 바뀔 때, 하나님은 그 사람에게 성령의 기름을 부으십니다. 판의 변화와 풀림의 삶을 위한 기름 부으심입니다.

원래 이스라엘은 애굽이라는 판에 있었습니다. 이 판은 애굽에서 광야로, 광야에서 가나안으로 다시 옮겨집니다. 이때마다 하나님의 흔드심이 있습니다. 애굽에서 광야로 갈 때는 홍해라는 흔드심이, 광야에서 가나안으로 갈 때는 요단 강이라는 흔드심이 있었습니다.

이스라엘 백성은 애굽에서 광야로 넘어갈 때 믿음으로 홍해를 건넜습니다. 하지만 광야에서 가나안으로 넘어갈 때는 요단 강 앞에서 주저앉았습니다. 그 결과 40년 동안 왔던 길을 다시 도는 회돌이 인생을 삽니다.

출애굽 1세대는 광야라는 판을 벗어나지 못하고 죽습니다. 오직 믿음으로 요단 강을 건넜던 여호수아와 갈렙만이 가나안 땅을 밟을 수 있었습니다. 인생도 이와 같습니다. 인생의 판이 바뀔 때 하나님의 흔드심과 기름 부으심이 있습니다.

인생 변화의 분수령

하나님은 하나님의 마음에 합한 사람 다윗의 인생에서 판을 바꾸기 위해 세 번이나 기름을 부으셨습니다. 이스라엘 판의 변화나 다윗의 인생 판의 변화는 모두 하나님이 시작하신 일이었습니다. 이스라엘의 출애굽은 인간의 생각이 아니라 하나님이 계획하신 프로젝트였습니다. 다윗을 왕으로 기름 부으시고 세우신 일도 하나님의 계획이었습니다.

하나님은 목적에 따라 한 민족과 인생의 판을 변화시키고 계십니다. 그 판의 변화가 우리 눈에는 흔드심으로 보이지만 사실은 새로운 차원으로 한 걸음 나아가기 위한 발판입니다. 이 때 판을 변화시키는 분수령이 있는데, 바로 성령의 기름 부으심입니다.

세 번 기름 부음 받은 다윗

구약 성경에서 그리스도를 예표하는 인물은 다윗입니다. 다윗도 인생에서 세 번의 기름 부음을 받았습니다. 다윗이 처음 받은 기름 부음은 사무엘상 16장에 기록되어 있습니다.

하나님께서 다윗을 왕으로 미리 선택하셨기 때문에, 사무엘 선지자는 베들레헴으로 가서 하나님이 지목하신 다윗에게 기름을 붓습니다.

> 여호와께서 사무엘에게 이르시되 내가 이미 사울을 버려 이스라엘 왕이 되지 못하게 하였거늘 네가 그를 위하여 언제까지 슬퍼하겠느냐 너는 뿔에 기름을 채워 가지고 가라 내가 너를 베들레헴 사람 이새에게로 보내리니 이는 내가 그의 아들 중에서 한 왕을 보았느니라 하시는지라_삼상 16:1

> 사무엘이 기름 뿔병을 가져다가 그의 형제 중에서 그에게 부었더니 이 날 이후로 다윗이 여호와의 영에게 크게 감동되니라 사무엘이 떠나서 라마로 가니라_삼상 16:13

다윗이 두 번째 받은 기름 부음은 사무엘하 2장에 기록되어 있습니다. 그때는 이미 사울 왕이 죽은 후였습니다. 왕으로서 기름 부음을 받았던 다윗은 정해진 옥좌에 그냥 앉아도 될 상황이었습니다. 그러나 다윗은 겸손히 새로운 기름 부음을 기다립니다. 마침내 하나님의 말씀에 따라 헤브론으로 올라간 다윗은 그곳에서 유다의 왕으로 기름 부음을 받습니다.

흔들린 인생이 쓰임받는 길

그 후에 다윗이 여호와께 여쭈어 아뢰되 내가 유다 한 성읍으로 올라가리이까 여호와께서 이르시되 올라가라 다윗이 아뢰되 어디로 가리이까 이르시되 헤브론으로 갈지니라_삼하 2:1

유다 사람들이 와서 거기서 다윗에게 기름을 부어 유다 족속의 왕으로 삼았더라_삼하 2:4

다윗이 받은 세 번째 기름 부음은 사무엘하 5장에 기록되어 있습니다. 유다의 왕 다윗이 또다시 기름 부음을 받고 이스라엘의 왕이 됩니다.

이에 이스라엘 모든 장로가 헤브론에 이르러 왕에게 나아오매 다윗 왕이 헤브론에서 여호와 앞에 그들과 언약을 맺으매 그들이 다윗에게 기름을 부어 이스라엘 왕으로 삼으니라_삼하 5:3

이 세 번의 기름 부음은 흔드심을 겪은 다윗을 다음 판으로 나아가게 합니다. 기름 부음은 다음 판으로 나아가는 문과 같습니다.

흔드심과 기름 부으심

첫 번째 기름 부음에서 다윗은 이미 이스라엘의 차기 왕으로 부름 받았습니다. 하나님의 언약이었습니다. 그 언약을 받은 다윗은 골리앗을 죽이는 큰 역사를 이룹니다. 그런데 그의 고난과 역경은 이때부터 시작됩니다. 골리앗을 죽인 다윗은 사람들의 민심은 얻었지만, 사울 왕의 미움을 받습니다. 다윗을 세우기 위한 하나님의 흔드심이 시작된 것입니다.

예수님의 제자들도 이러한 하나님의 흔드심을 경험합니다. 예수님의 제자들은 주님과 함께 있을 때는 의기양양했습니다. 살아계신 하나님의 아들이 역사하시는 현장에 늘 함께 있었기 때문입니다. 하지만 이들은 예수님이 십자가를 지신 후 낙담하여 뿔뿔이 흩어집니다. 심지어 수제자로 불리던 베드로는 계집종 앞에서도 예수를 세 번씩이나 부인하고 배신합니다.

이렇게 흔들린 제자들이 그리스도의 증인이 되려면 성령을 받아야 했습니다. 주님은 제자들에게 주님이 승천하시는 모습을 보고 그리스도의 증인이 되라고 하지 않으셨습니다. 약속한 성령이 오실 때까지 기다리라고 하셨습니다. 그 성령을 받고서 그리스도의 증인이 되라고 하셨습니다.

오순절 마가의 다락방은 120명의 제자가 성령의 기름 부음을 받았던 장소입니다. 사도행전 2장에는 십자가 사건으로 흔들렸던 제자들이 부활하신 주님을 만나고 성령을 받은 후, 인생이 완전히 변화되는 이야기가 나옵니다.

그들은 사도로서 권능을 받습니다. 베드로가 설교하자 한 번에 삼천 명씩 변화되어 예수를 믿게 되고, 말씀을 전한 후에도 기적과 표적이 나타납니다. 죽음이 두려워서 주님을 버리고 도망쳤던 제자들은, 성령을 받고 난 후 죽음을 두려워하지 않았습니다. 복음을 전하다가 순교하기까지 합니다.

성령 받을 때까지 기다려야

이 모든 것이 성령이 기름 부으신 결과입니다. 그래서 주님은 주님의 부활과 승천으로 들뜬 제자들에게 성령 받을 때까지 기다리라고 하셨습니다.

오순절 마가의 다락방에서 성령을 받은 제자들은 드디어 그리스도의 제자로서 담대한 삶을 살게 됩니다. 기름 부으심으로 말미암아 흔드심에도 우뚝 서서 믿음으로 사는 인생이 되었습니다.

인생에서 하나님의 흔드심을 경험하고 있습니까? 흔드심을 지나 하나님께 쓰임 받는 인생이 되기 원한다면 성령의 기름 부으심을 구하십시오.

> 너희가 악할지라도 좋은 것을 자식에게 줄 줄 알거든 하물며 너희 하늘 아버지께서 구하는 자에게 성령을 주시지 않겠느냐 하시니라_눅 11:13

무릎 꿇는 사람이 되라

 14

하나님의 성소 안에는 분향단이 있습니다. 분향단은 성소의 중앙에 있는 기도하는 제단입니다. 제사장은 성소에 들어갈 때 바로 분향단부터 가지 않습니다. 먼저 성소 입구의 촛대에 불을 켜서 성소를 밝힙니다. 촛대의 맞은편에는 떡 상이 있습니다. 떡 상은 하나님의 말씀을 의미합니다. 제사장은 이 떡 상을 지나 분향단 앞으로 나아가게 됩니다.

많은 사람이 교회에 나와 촛불을 켜고 말씀의 떡만 먹고 갑니다. 굶주린 영혼의 갈급함을 채우는 데 급급하기 때문입니다. 배가 고파지면 다시 와서 또 떡을 먹고 갑니다.

그러나 이들은 가장 중요한 한 가지를 놓치고 있습니다. 성소의 핵심은 성소 중앙에 있는 분향단입니다. 성소에 들어와 촛불을 켜고 떡을 먹었다면 분향단 앞으로 나아가 기도해야 합니다. 그런데 이것을 잊을 때가 많습니다.

신앙생활의 핵심, 기도

출애굽기 30장에는 분향단의 모양이 자세히 설명되어 있습니다. 분향단은 사방 1규빗의 정사각형 모양입니다.

흔들린 인생이 쓰임받는 길

¹너는 분향할 제단을 만들지니 곧 조각목으로 만들되 ²길이가 한 규빗, 너비가 한 규빗으로 네모가 반듯하게 하고 높이는 두 규빗으로 하며 그 뿔을 그것과 이어지게 하고 ³제단 상면과 전후 좌우 면과 뿔을 순금으로 싸고 주위에 금 테를 두를지며_

출 30:1-3

이 규격은 하나님께서 친히 정해주셨는데, 성경에서 숫자 1은 하나님을 의미합니다. 그러므로 기도는 하나님의 말씀대로 해야 합니다. 하나님의 뜻 안에서 기도하며 중언부언하지 말아야 합니다.

분향단의 높이는 2규빗으로, 약 1미터 정도 됩니다. 성소의 모든 기구 중에서 가장 높습니다. 기도는 성도의 신앙생활에서 가장 고귀한 것입니다.

분향단 앞에서 무릎 꿇는 사람이 세상을 이끕니다. 반대로 하나님 앞에 무릎 꿇지 않는 사람은 세상 앞에 무릎 꿇게 됩니다. 성도라면 마땅히 세상 앞에 무릎 꿇는 수치를 당하지 말고, 분향단 앞에 나아와 하나님 앞에 무릎을 꿇는 삶을 살아야 합니다.

분향단의 네 귀퉁이에는 뿔horn이 있습니다. 뿔은 권세authority와 능력power을 상징하고 네 귀퉁이는 동서남북, 사방을 의미합니다. 우리가 기도하면 그 기도의 권능이 동서남북, 열방으로 뻗어 나가는 은혜가 있습니다.

우리가 이 땅 한구석의 성소에서 기도한다 해도, 그 기도는 전 세계로 뻗어 나갑니다. 우리는 아시아, 유럽, 북남미 대륙과 아프리카, 오세아니아 대륙, 동토의 땅 시베리아와 적도 인근의 미전도 종족에 이르기까지, 그리고 우리의 마지막 보루인 북한을 위해서도 기도할 수 있습니다.

하나님은 시간과 공간을 초월하여 권능으로 역사하시고, 그 땅을 진동시켜 열방이 하나님을 만날 수 있는 길을 여십니다.

따라서 기도는 선교요, 전도입니다. 모든 신앙생활의 역사는 기도 없이는 초라할 뿐입니다.

말을 잘하는 설교는 사람의 귀에 감동을 줄 수 있습니다. 그러나 영혼을 울리며 감동을 주는 설교는 하나님의 권세와 능력, 즉 영성이 있어야 합니다. 이런 영성 있는 설교는 기도가 있어야 가능합니다. 봉사에도 기도가 필요하며, 찬양도 기도가 바탕이 되어야 합니다. 요컨대 우리의 모든 신앙 행위는 기도의 밑바탕 위에 있어야만 합니다.

하늘의 도움을 받으려면

예수님은 공생애를 시작하실 때 먼저 광야에서 40일간 시험을 받으셨습니다. 그리고 모든 시험이 끝나자 마귀가 떠나가고 천사가 나와서 수종 듭니다.

이에 마귀는 예수를 떠나고 천사들이 나아와서 수종드니라_마 4:11

예수님이 잡히시기 전날 밤 겟세마네 동산에서 기도하실 때도 돕는 천사가 있었습니다. 겟세마네 동산에 계신 예수님을 잡으려고 가룻 유다와 로마 군인들이 올라왔을 때였습니다. 베드로는 흥분하여 대제사장의 종 말고의 귀를 칼로 쳤습니다. 이때 예수님은 그의 귀를 다시 회복시켜주시면서, 하늘의 천군 천사를 부릴 능력이 자신에게 있다고 말씀하십니다.

너는 내가 내 아버지께 구하여 지금 열두 군단 더 되는 천사를 보내시게 할 수 없는 줄로 아느냐_마 26:53

예수님은 당장에라도 천군 천사를 동원해서 그 모든 일이 일어나지 못하도록 하실 수 있었습니다. 그러나 예수님은 십자가에 달려 죽으심으로 인류를 구원하고 성경 말씀을 이루셔야 했기에 이때에는 권능을 사용하지 않으셨습니다.

우리에게도 천사의 도움이 있습니다. 하나님은 인간을 돕는 존재로 천사를 보내주십니다.

> 모든 천사들은 섬기는 영으로서 구원 받을 상속자들을 위하여 섬기라고 보내심이 아니냐_히 1:14

이 말씀에서 구원받을 상속자가 누구일까요? 하나님의 자녀가 된 우리입니다. 하나님은 천사가 죄를 짓고 타락했을 때는 구원의 길을 열어주지 않으셨지만, 인간에게는 열어주셨습니다. 구세주 예수 그리스도는 오직 인간을 위해 그의 보혈을 흘리셨습니다. 회개를 통해 하나님께 나아갈 기회 역시 인간에게만 주어졌습니다.

예수를 믿는 하나님의 자녀라면 자신 있게 말하십시오.

"나는 구원 얻을 하나님의 후사다. 하나님이 보내주신 천사가 나를 돕고 있다!"

자녀를 위한 기도의 책임

어린아이를 돕는 천사가 있습니다. 예수님은 천국에서 누가 크냐는 제자들의 질문에 한 어린아이를 불러 세우시고 이렇게 말씀하십니다.

> 삼가 이 작은 자 중의 하나도 업신여기지 말라 너희에게 말하노니 그들의 천사들이 하늘에서 하늘에 계신 내 아버지의 얼굴을 항상 뵈옵느니라_마 18:10

아이가 아직 스스로 무엇을 할 힘이 없는 유년기에는 철저하게 어머니를 의지합니다. 그 아이를 위해서 어머니는 기도해야 합니다. 그리스도인의 육아는 먹이고 입히고 재우는 것이 전부가 아닙니다.

히브리 여인들은 아기에게 꼭 초유를 먹이고 모유 수유를 합니다. 아이의 건강을 위해서이기도 하지만, 아이에게 젖을 물리는 동안 안고 기도하려는 것입니다. 엄마가 아이를 안고 그 아이를 위해 기도하면 천사가 아이를 돕습니다. 그러다가 아이가 성장해서 학교에 들어갈 나이가 되면 점차 그 기도의 책임은 어머니에게서 아버지에게로 옮겨갑니다.

아버지는 아이를 위해 기도해야 합니다. 아버지가 돈 버느라고 아이를 위해 기도해줄 시간이 없다면 참 안타까운 일입니다. 아버지가 아이를 위해 기도해줄 때, 아이가 주 안에서 건강하게 자라며 사춘기도 잘 지나갈 수 있습니다. 그 아이가 주님 안에서 올바른 길을 갈 수 있도록 천사가 돕기 때문입니다.

아이가 사춘기를 잘 보내고 난 후에는 아이들을 위한 기도가 끝난 것일까요? 성인의 길로 들어서는 길목에 있는 자녀라면 부모가 더욱 합심해서 기도해야 합니다.

우리를 보호하신다

사도행전 12장을 보면, 베드로가 말씀을 전하다가 로마 병사에게 붙잡혀 감옥에 들어가게 되었습니다. 지도자인 사도 베드로가 잡혀갔으니 예루살렘교회는 발칵 뒤집혔습니다. 성도들은 모두 모여 "베드로 사도를 구해주시옵소서!" 하고 간절히 기도합니다.

이 성도들의 중보기도는 사형집행을 앞두고 있던 베드로에게 길을 열어주었습니다. 베드로가 갇혀 있는 감옥이 진동

하더니 철문이 열리고 천사가 나타나 베드로를 구출합니다. 베드로는 한밤중에 옥에서 나와 성도들이 모여 있는 예루살렘교회로 갔습니다.

인생이 흔들리고 묶였다가 풀려나는 감사한 일이 생길 때 그리스도인은 어디로 갑니까? 교회로 갑니다. 자기 힘으로는 도저히 풀 수 없는 일이 풀어지는 은혜를 받았을 때 가장 먼저 하나님께 감사드리게 됩니다.

베드로는 생각지도 못한 풀림을 맛보았습니다. 그래서 그 밤에 교회로 갑니다. 예루살렘교회는 마가의 다락방에서 시작된 교회입니다. 그 집에 모든 성도가 모여서 베드로를 위해 밤새워 기도하고 있었습니다.

그러던 중 밖에서 문 두드리는 소리가 나자 로데라는 여자아이가 나가 봅니다. 쪽 창문을 열어서 밖을 보니 베드로가 서 있는 게 아닙니까? 아이는 너무나 놀란 나머지 문을 열어주는 것도 잊고 성도들에게 뛰어가 베드로가 왔다고 말합니다.

성도들은 모두 그 아이의 말을 믿지 않았습니다. 여자아이가 아무리 힘주어 말해도 "베드로의 천사겠지"라고 합니다.

14베드로의 음성인 줄 알고 기뻐하여 문을 미처 열지 못하고 달려 들어가 말하되 베드로가 대문 밖에 섰더라 하니 [15]그들이 말하되 네가 미쳤다 하나 여자 아이는 힘써 말하되 참말이라 하니 그들이 말하되 그러면 그의 천사라 하더라_행 12:14,15

베드로에게도 천사의 도움이 있었습니다. 천사가 베드로를 옥에서 꺼내어 밖으로 인도했습니다.

그리스도인에게는 하나님이 보내주시는 천사가 있습니다. 그리스도인은 세상을 혼자 사는 사람이 아닙니다. 하나님은 자녀인 우리를 혼자 내버려두시지 않습니다. 맹수가 어린 새끼를 키우듯 혼자 헤쳐 나오도록 놔두지 않습니다. 하나님은 우리와 함께하시며, 장애물을 제거해주시고, 천사를 보내 보호하시는 분입니다.

기도는 실상이 된다

예루살렘교회 성도들은 베드로의 석방을 위해 기도하고 있었지만 정작 베드로가 나타나자 믿지 못했습니다. 그날 예루살렘교회 중보기도회에서 가장 믿음이 좋았던 사람은 로데라는 여자아이였습니다.

우리는 하나님께 드린 기도가 실상이 됨을 믿어야 합니다. 어떤 사람은 기도가 이루어져도 우연으로 여깁니다. 또 어떤 사람은 자신이 노력한 결과라고 생각합니다.

하나님은 우리의 기도에 응답하시는 분입니다. 기도한 것이 실상이 되었다면 하나님의 응답으로 알고 감사해야 합니다. 하나님이 하신 일을 하나님이 하셨다고 인정하는 것이 믿음입니다. 참된 그리스도인이라면 마땅히 하나님이 역사하신 일을 간증해야 합니다. 이런 사람을 하나님은 더욱 도우십니다.

하나님은 우리의 기도보다 삼십 배, 육십 배, 백 배, 심지어 만 배로 응답하시는 분입니다. 내 미래를 아시고 내가 쓸 것을 미리 예비해두신 분입니다. 우리는 그 하나님을 '여호와 이레'라고 부릅니다. 여호와 이레의 하나님이 내가 잃어버린 시간을 회복시켜주십니다.

일본 작가가 쓴 《미움 받을 용기》라는 책이 있습니다. 그 책에서는 먼 미래를 위해 현재에 너무 많은 희생을 할 필요는 없다고 말합니다. 현재의 삶이 오직 미래를 준비하기 위한 것이라면 현재마저 다 놓쳐버릴 수 있으니 현재를 충분히 누리라고 조언합니다. 젊은 세대가 공감할 만한 이야기라서 일본과 한국에서 베스트셀러가 되었습니다.

그러나 영적인 시각에서 보면 다릅니다. 인생은 근본적으로 방황하는 나그네의 삶입니다. 비록 현실에서 힘들고 괴로운 날이 있더라도 그 가운데 황홀한 순간도 지나갑니다. 인생의 어떤 순간에 일희일비—喜—悲할 필요가 없습니다. 앞으로도 번뇌의 날, 기쁜 날, 슬픔의 날, 황홀한 날들이 계속해서 다가오고 또한 지나가기 때문입니다.

일희일비할 필요가 없다

그리스도인에게 이 세상은 최종 목적지가 아닙니다. 그리스도인은 천국을 향해 가는 나그네입니다. 그리스도인은 하나님께서 인생의 모든 다양한 순간을 모아서 선을 이루실 줄 믿어야 합니다.

합력하여 선을 이루시는 하나님의 응답은 기도할 때 받을 수 있습니다. 하나님은 자녀의 기도에 언제라도 응답하실 뿐 아니라, 미리 응답하실 준비를 하고 계십니다. 그러므로 기도한 것이 내 삶에서 반드시 이루어질 줄 믿고 기도해야 합니다. 한 가지 기도제목이 응답되었다면 나머지 기도제목도 반드시 응답 된다는 증거입니다.

막힘을 뚫는 관통의 기도

 15

예 수님은 하나님과 단절된 인간을 위해 친히 우리를 찾
아오셨습니다. 우리를 죄에서 구원해주셨을 뿐 아니
라 하나님과 직접 대화할 수 있는 채널을 열어주셨습니다.
예수님이 열어주신 '하나님과 나의 일대일 핫라인'이 바로 기
도입니다.

만약 우리가 기도하지 않고 있다면 하나님과 대화가 끊어
진 상태입니다. 아담이 죄를 범했을 때 가장 먼저 일어난 일
은 하나님과 대화가 끊긴 것입니다. 아담은 하나님이 두려워
서 그 앞에 나아가지 못하고 무화과나무 뒤로 숨었습니다. 이
때 하나님은 친히 아담을 찾으시고 부르십니다. 하나님께서
다시 대화를 하시려는 것입니다. 기도하게 하시는 겁니다.

관통의 기도력

우리는 때때로 기도가 바로 응답되지 않아서 안타까워합
니다. 인생의 흔들림 가운데 다급한 기도제목이 있을 때는
더욱 그렇습니다. 성경에도 이러한 예가 있습니다.

다니엘은 기도를 많이 했던 성경 인물 중의 하나입니다.
다니엘서 10장을 보면 다니엘이 금식하며 기도하는데도 기

도의 응답이 늦춰지고 있는 장면이 나옵니다. 사실 다니엘이 기도한 첫날부터 하나님은 응답하셨습니다. 그런데 그 응답이 영적 세계에서 한동안 막혀 있었습니다. 다니엘은 계속 기도해서 기도의 응답이 내려올 수 있는 길을 뚫어내고야 맙니다. 이것이 '관통의 기도력'입니다.

> 그가 내게 이르되 다니엘아 두려워하지 말라 네가 깨달으려 하여 네 하나님 앞에 스스로 겸비하게 하기로 결심하던 첫날부터 네 말이 응답 받았으므로 내가 네 말로 말미암아 왔느니라_단 10:12

나의 모든 기도에 주님은 첫날부터 응답하셨습니다. 내가 상상도 못할 엄청난 응답을 미리 준비하셨습니다. 다만 영적인 길이 막혀 있어서 나에게 아직 그 응답이 도착하지 않았을 뿐입니다.

우리가 기도할 때 우리의 기도를 천사들이 받들어 하나님의 보좌로 가지고 올라갑니다. 마찬가지로 응답도 천사들이 가지고 내려옵니다. 그런데 길이 막혀 있으면 우리에게는 그 응답이 아직 보이지 않습니다.

막힌 길을 뚫는 기도

청주의 한 아파트에서 불이 났다는 뉴스를 들은 적이 있습니다. 화재의 규모가 크지 않아서 만약 소방차가 일찍 도착한다면 큰 피해 없이 불을 끌 수 있는 상황이었습니다. 소방차는 사고 신고를 받자마자 재빨리 화재 장소 인근까지 도착했습니다.

그러나 아파트 안 주차공간에 차가 이중, 삼중으로 주차되어 있고 심지어 소방차로로 표시된 노란 선 안에도 불법으로 주차되어 있었습니다. 결국, 소방차가 화재 장소로 신속히 접근하지 못하는 바람에 건물이 전부 소실되는 큰 피해를 보고 말았습니다.

제가 미국에 살며 자동차를 운전할 때 사람들에게 이런 주의를 많이 받았습니다. 구급차나 소방차가 지나갈 때는 반드시 길 한쪽으로 비켜 정지하라는 것입니다.

당시 20대이던 저는 넓은 도로를 달릴 때 음악을 크게 틀어 놓고 운전하곤 했습니다. 그러다가 구급차나 소방차의 사이렌 소리를 미처 듣지 못해서 비켜나지 않으면, 주정차 위반이나 신호 위반보다 더 많은 벌금을 물어야 했습니다.

미국에서는 소방도로에 차가 주차되어 있으면 소방차가

그 차를 밀어버리고 불을 끄기도 합니다. 이렇게까지 할 수 있는 이유는 재물보다 사람 목숨이 더 중요하기 때문입니다. 한 번은 소방 호스 장비를 가로막고 주차한 차가 있었는데, 그 차의 양쪽 창문을 깨고 차를 빼낸 후 화재를 진압하는 모습을 보았습니다. 주민들은 합심하여 그 차를 옆으로 엎어버렸고, 차 주인은 사람의 생명을 살리는 일을 방해한 무식한 사람 취급을 받았습니다.

영적으로 위급한 상황에서도 마찬가지입니다. 하나님은 나의 영적인 문제를 해결할 소방차, 구급차, 구조선을 보내주십니다. 내가 기도한 첫날부터 말입니다. 그러나 때로 길이 막혀서 나에게는 응답이 도착하지 않을 수 있습니다.

이때 우리는 응답이 없다고 답답해하거나 원망하지 말고 막힌 길을 뚫는 관통의 기도를 해야 합니다. 끈기 있는 기도는 없던 길을 내고, 그 길을 뚫어 응답이 관통하게 합니다. 답답하게 막힌 우리의 현실에 길을 내줍니다.

우리를 찾아오시는 주님

베데스다 연못가에 38년 된 중풍 병자가 살고 있었습니다. 이 연못에는 가끔 물이 움직일 때가 있는데, 어떤 병자든지 그 순간에 가장 먼저 못에 들어가면 병이 낫는다고 합니다. 그런데 이 중풍 병자는 혼자의 힘으로는 일어날 수조차 없었습니다. 무려 38년 동안 베데스다 연못을 바라만 보고 있는 처지였습니다.

어느 날 그에게 기적이 일어납니다. 예수님은 그의 38년 세월을 뚫고 직접 찾아오셔서 그를 고쳐주십니다. 예수님은 얽히고설킨 우리의 인생에 어디서부터 뚫어야 할지 알 수 없는 그곳을 뚫고 찾아와주시는 분입니다.

12년 동안 혈루증을 앓았던 여인이 있었습니다. 이 여인은 모든 재산을 탕진할 정도로 병에 시달리고 있었습니다. 할 수 있는 방법을 다 해보았지만 더는 방법이 없었습니다. 모든 것을 포기하고 있던 어느 날, 여인의 마을에 예수님이 지나가신다는 소식이 들려왔습니다.

예수님은 엄청난 인파에 둘러싸여 마을을 지나가고 계셨습니다. 지칠 대로 지친 여인의 몸으로는 예수님 앞으로 나아갈 힘이 없었습니다. 그런데 이 여인은 그 꽉 막힌 곳을 뚫고 마침내 예수님의 옷자락에 손을 댑니다. 그 순간 이 여인에게 기적이 일어납니다. 예수님의 옷자락에 손을 댄 즉시 여인의 병이 나았습니다. 막힌 것을 뚫고 예수님을 붙잡자

흔들린 인생이 쓰임받는 길

고침을 받았습니다.

좋은 친구를 둔 덕분에 수지맞은 중풍 병자도 있습니다. 그의 친구들은 병든 친구에게 어떤 약이나 병원이 아닌, 진정한 치료자이신 예수님을 소개해줍니다. 이들은 중풍 병으로 움직일 수 없는 친구를 들것에 실어 예수님이 말씀을 전하고 계신 곳으로 데려갑니다.

사람은 만남을 통해서 복을 받습니다. 우리는 부질없는 육신적 관계를 정리하고 영적으로 복된 만남을 가져야 합니다. 예수를 믿는 사람들의 모임이라고 해도 기도가 없다면 영적인 모임이 되지 않을 수 있습니다. 소그룹 구역예배도 기도가 없으면 동네 아줌마들의 수다 모임이 되고 맙니다. 반대로 그 안에 기도가 있다면 어떤 모임이든 영적인 모임이 되고, 영적인 관계로 단단하게 묶인 동역자가 됩니다.

막힌 현실이 뚫리는 은혜

중풍 병자의 친구들은 움직일 수 없는 친구를 들것에 실어 어렵게 예수님이 계신 곳으로 데려왔습니다. 와보니 사람이 너무나 많아서 도무지 집 안에 계신 예수님께 친구를 데려갈 수가 없습니다. 그러자 이 친구들은 지붕으로 올라가서 지붕을 뜯어내고 병든 친구를 들것 채로 달아 내립니다.

그 집 안에서 예수님의 말씀을 듣고 있던 사람들은 어떻게 되었을까요? 난리가 났을 겁니다. 그러나 예수님은 그들을 꾸짖지 않으셨을 뿐 아니라 그들의 믿음을 보시고 그 병자를 고치십니다.

일어나 네 상을 가지고 집으로 가라_막 2:11

예수님의 말씀을 들은 병자는 곧 일어나서 말씀대로 침상을 들고 걸어 나갑니다.

지붕을 뚫은 친구들의 믿음이 병자를 고쳤습니다. 우리도 이처럼 군중을 뚫고, 지붕을 뚫는 관통의 기도력을 가진 사람이 되어야 합니다.

막힌 것을 뚫은 이방 여인도 있었습니다. 헬라인 수로보니게 여인은 주님 발 앞에 엎드려 자신의 귀신들린 딸을 고쳐달라고 간청합니다. 그런데 예수님은 그녀에게 충격적인 말씀을 하십니다.

자녀로 먼저 배불리 먹게 할지니 자녀의 떡을 취하여 개들에

게 던짐이 마땅치 아니하니라_막 7:27

이 정도의 모욕이면 부끄럽고 화가 나서 포기할 만도 한데, 이 여인은 더 적극적으로 매달리며 간청합니다.

주여 옳소이다마는 상 아래 개들도 아이들이 먹던 부스러기를 먹나이다_막 7:28

이 말을 들은 예수님은 그의 믿음을 보시고 응답해주십니다.

이 말을 하였으니 돌아가라 귀신이 네 딸에게서 나갔느니라_막 7:29

여인이 주님의 말씀을 듣고 집에 가보니 딸에게서 귀신이 떠나 있었습니다. 예수님이 말씀하신 즉시, 집에 누워있던 딸이 고침을 받았습니다. 주님은 상황, 시간, 거리, 공간을 초월해서 역사하시는 분입니다.

성경은 막힌 현실을 뚫은 이야기로 가득합니다. 하나님은 지금도 하나님 나라를 위해 더 큰 미래로 진입하려는 성도들에게 막힌 현실이 뚫리는 은혜를 주십니다.

주님께 손을 내밀라

베드로가 물 위를 걷는 마태복음 14장의 이야기는 어려서 부터 제게 많은 의문을 갖게 했습니다. 베드로는 다른 제자들과 함께 배를 타고 예수님보다 먼저 강 건너편으로 가고 있었습니다. 그런데 바람이 거세고 큰 파도가 일어 어려움을 당합니다. 이때 주님은 파도치는 물 위를 걸어서 제자들에게 오셨습니다.

베드로는 주님께 자신도 물 위를 걷게 해달라고 구합니다. 주님이 "오라"고 허락하시자 배 밖으로 나가 물 위를 걸었습니다. 하지만 곧 물에 빠져들고 맙니다. 물에 빠져가던 베드로는 주님께 손을 내밀었습니다. "주여, 나를 구원하소서!" 하며 부르짖자 주님은 베드로의 손을 잡아 건져내십니다.

주님이 베드로에게 오라고 하셨고 베드로는 그 말씀에 순종했는데 왜 물에 빠졌을까요?

신앙생활을 하다 보면 말씀에 순종해서 움직였는데도 물 속으로 빠져들 때가 있습니다. 하나님이 우리를 흔들어보실

흔들린 인생이 쓰임받는 길

221

때입니다. 이때 베드로처럼 주님께 손을 내미는 자세가 중요합니다. 주님을 향해 살려달라는 강청기도를 드려야 합니다. 강청기도는 주님의 응답을 끌어내는 관통의 기도력입니다.

요나는 물고기 뱃속에 있던 3일 동안 계속하여 회개하며 살려 달라고 강청했습니다. 마침내 물고기는 요나를 뱉어냅니다. 요나는 죽을 위기의 상황을 기도로 뚫었습니다.

바울과 실라는 전도하다가 잡힌 감옥 안에서 밤을 새워 찬양하고 기도했습니다. 마침내 그 땅이 진동하여 두 사람은 감옥을 뚫고 나왔습니다.

모세는 하나님의 명령에 따라 출애굽해서 광야로 나왔지만, 이번에는 아말렉이 이스라엘을 공격합니다. 이에 여호수아는 장정들을 이끌고 전장에 섰고, 모세는 산으로 올라가 손을 들고 하나님께 기도합니다. 이스라엘은 이 전쟁에서 승리합니다. 이 전쟁의 승패는 여호수아와 군대의 칼끝에서 이루어지지 않았습니다. 모세의 손끝에서 이루어졌습니다. 모세가 두 손을 들고 기도하자 이스라엘이 아말렉을 뚫어버리고 승리의 길을 냈습니다.

시온의 대로를 내는 기도

기도는 길을 내는 힘이 있습니다. 처음 기도의 길을 뚫을 때는 어렵고 힘들 수도 있습니다. 그러나 기도를 계속 이어 갈수록 시온의 대로가 열립니다.

아브라함은 믿음의 조상입니다. 아브라함은 하나님의 축복을 받아서 가는 곳마다 형통했습니다. 그런데 그 아들 이삭과 이삭의 아들 야곱은 아브라함보다 훨씬 더 형통했습니다. 야곱의 아들 요셉은 어린 시절 노예로 팔려가서 누명을 쓰고 감옥에 갇히는 등 실패한 인생처럼 보였습니다. 그러나 그는 마침내 애굽의 총리가 되었고 이스라엘 열두 지파의 터전을 잡는 인생이 되었습니다.

이 모든 일은 작은 기도에서 시작되었습니다. 기도는 대개 처음에는 작게 시작하지만 작은 이 기도가 쌓이고 쌓이면 대로大路를 내는 관통의 기도력이 생깁니다.

하나님은 현대를 사는 그리스도인에게 이 관통의 기도력을 요구하십니다. 하나님은 우리의 기도에 첫날부터 응답해 주시는 분입니다. 또한 하나님의 말씀이니 반드시 이루어진다고 약속하십니다. 그러므로 우리는 응답이 실상이 될 때까지 계속해서 기도해야 합니다.

　기도를 통해 말하고, 기도를 통해 하나님의 도우심을 구하는 사람이 그리스도인입니다. 알면서도 기도하지 않는 사람을 하나님은 무능한 신자로 여깁니다. 기도하지 않으면 하나님의 일을 이룰 수 없고 하나님의 역사를 누리지 못합니다.

　웅변이 사람의 마음을 움직이는 힘이 있듯이, 기도에는 하나님의 역사를 끌어당기는 능력이 있습니다. 우리가 하나님의 흔드심 속에서도 쓰러지지 않고 설 수 있는 길은 기도입니다.

신의 무릎

하나님은 흔드신다.

아무나 흔드시는 건 아니다.

사랑하는 자를 흔드신다.

12지파 전체를 흔드시진 않는다.

레위지파, 선택된 '그 인생'을 흔드신다.

모든 배를 다 흔드시진 않는다.

제자들이 타고 있던 '그 배'를 흔드신다.

노아에게 위기가 왔다.

당장 배부터 만들어야 한다.

아브라함에게 위기가 왔다.

당장 아들을 챙겨 모리아 산부터 올라가야 한다.

모세에게 위기가 왔다.

당장 바로 앞에 서야 한다.

세 친구에게 위기가 왔다.

당장 풀무 불에 들어가야 한다.

하나님은 선택하신 '그 인생'을 흔드신다.

하나님의 선택은 사랑이다.

하나님은 천지 만물을 창조하셨으나 사랑하지는 않으신다.

천사를 만드셨지만 사랑하진 않으신다.

그러나 인간만은 당신의 형상대로 창조하셨다.

왜? 사랑하시려고….

내가 먼저 하나님을 사랑한 것이 아니다.

하나님이 나를 먼저 사랑하신 것이다.

하나님이 수많은 인생 가운데 나를 먼저 택하시고, 나를 사랑하사 나를 위해 자기를 낮추시고, 피 흘리셨다.

33세 유대 청년의 피가 아니다. 영원 전부터 계시며 영원 후까지 계신 하나님의 피다.

인간에게 피가 모자라 피 흘려 주신 것이 아니다. 뭐가

뭔지도 모르고 살아가고 있는 나를 구원할 능력은 오직 보혈밖에 없기에, 십자가에 달리신 것이다.

십자가는 '신의 무릎'이다.

하나님은 구원을 신의 무릎으로 완성하셨다.

[6]그는 근본 하나님의 본체시나 하나님과 동등됨을 취할 것으로 여기지 아니하시고 [7]오히려 자기를 비워 종의 형체를 가지사 사람들과 같이 되셨고 [8]사람의 모양으로 나타나사 자기를 낮추시고 죽기까지 복종하셨으니 곧 십자가에 죽으심이라_빌 2:6-8

인간의 행복은 지위나 명예나 재산에서 오는 것이 아니다.

십자가에서 온다.

흔드심으로 이리저리 돌고 돌아 삐뚤빼뚤해진 내 인생의 십자가의 길, 그 길 위에는 하나님의 보석이 숨겨져 있다.

한 별 목사